최고의 임금은 나야, 나!

임금 열전

최고의 임금은 나야, 나!

임금 열전

초판 1쇄 발행 | 2023년 6월 25일
초판 3쇄 발행 | 2025년 9월 10일

글쓴이 | 이향안
그린이 | 김도연
감수자 | 박순애

펴낸이 | 조미현
책임편집 | 황정원
디자인 | 나비

펴낸곳 | (주)현암사
등록 | 1951년 12월 24일 · 제10-126호
주소 | 04029 서울시 마포구 동교로12안길 35
전화 | 02-365-5051 · 팩스 | 02-313-2729
전자우편 | child@hyeonamsa.com
홈페이지 | www.hyeonamsa.com
블로그 | blog.naver.com/hyeonamsa
인스타그램 | www.instagram.com/hyeonam_junior

ⓒ 이향안, 김도연 2023

ISBN 978-89-323-7592-2 73900

- 이 책은 저작권법에 따라 보호를 받는 저작물이므로 저작권자와 출판사의 허락 없이
  이 책의 내용을 복제하거나 다른 용도로 쓸 수 없습니다.
- 책값은 뒤표지에 있습니다. 잘못된 책은 바꾸어 드립니다.
- 현암주니어는 (주)현암사의 아동 브랜드입니다.

| **제품명** 도서 | **전화번호** 02-365-5051 | **제조년월** 2025년 9월 | **제조국명** 대한민국 |
제조자명 (주)현암사 | **사용연령** 9세 이상 | **주소** 서울시 마포구 동교로12안길 35
주의사항 책 모서리에 부딪히거나 종이에 베이지 않도록 주의해 주세요.
KC 마크는 이 제품이 공통안전기준에 적합하였음을 의미합니다.

최고의 임금은 나야, 나!

임금 열전

이향안 글 · **김도연** 그림 · **박순애** 감수

현암주니어

차례

고조선

한반도의 맨 처음 왕이니까 내가 최고! **단군왕검** 8
부강한 나라 만들기는 내가 최고! **위만** 18
버티기로는 내가 최고! **우거왕** 26
| 한눈에 쏙! 고조선 역사표 | 34

고구려

고구려의 맨 처음 왕이니까 내가 최고! **동명 성왕** 36
강한 왕권을 만든 내가 최고! **고국천왕** 46
아시아 최강 고구려를 만든 내가 최고! **광개토왕** 56
최고 경제 대국 전성기를 이룬 내가 최고! **장수왕** 66
| 한눈에 쏙! 고구려 왕 계보 | 74
| 나라의 기틀은 법! 율령을 반포한 삼국의 율령 왕! | 78

백제

백제의 맨 처음 왕이니까 내가 최고! **온조왕** 80
경제, 힘, 문화의 전성기! 내가 최고! **근초고왕** 88
억울하기로는 내가 최고! **의자왕** 96
| 한눈에 쏙! 백제 왕 계보 | 102

신라

신라를 건국한 왕이니까 내가 최고! **박혁거세** 106
의리보다 실리를 택한 내가 최고! **진흥왕** 112
지혜롭기로는 내가 최고! **선덕 여왕** 120

삼국 통일의 기틀을 마련한 내가 최고! **태종 무열왕** 128
삼국 통일을 이룬 내가 최고! **문무왕** 136
동화 속 주인공인 내가 최고! **경문왕** 144
| 한눈에 쏙! 신라 왕 계보 | 152
| 이런 나라, 이런 왕도 있었거든! | 156

고려

고려를 세운 왕이니까 내가 최고! **태조 왕건** 158
추진력이라면 내가 최고! **광종** 166
소리 없이 강한 힘에는 내가 최고! **성종** 172
아쉽기로는 내가 최고! **공민왕** 180
| 한눈에 쏙! 고려 왕 계보 | 188

조선

조선을 세운 왕이니까 내가 최고! **태조 이성계** 192
조선 건국의 공은 내가 최고! **태종** 200
한글을 만든 내가 최고! **세종** 206
욕을 많이 먹기로는 내가 최고! **세조** 214
| '군'이라고 불리지만 우리도 왕이거든! | 220
스캔들로는 내가 최고! **숙종** 222
오래 살기로는 내가 최고! **영조** 230
문예 부흥기를 이룬 내가 최고! **정조** 238
슬픔으로는 내가 최고! **순종** 244
| 한눈에 쏙! 조선 왕 계보 | 252

작가의 말   마음속 최고의 왕은 누구야? 254

어? 이게 무슨 소리지?

아하! 한반도 역사에 나오는 왕들이
모두 모여 서로가 최고의 성군이라고 주장하고 있어.
성군이라면 어질고 덕이 뛰어난 임금님을 말하지.
백성들의 배를 곯리지 않고 평화롭게 잘 살 수 있도록
나라를 다스린 왕이란 의미야.
과연 누가 최고의 성군일까?

"무슨 소리!
나라의 글자를 만든 내가
최고 성군이라고!"

"뭐니 뭐니 해도
나라를 세운 내가
성군 중의 성군이지."

고조선

단군왕검

한반도의 맨 처음 왕이니까 내가 최고!

퀴즈를 맞혀 봐. 한반도에 최초로 생겨난 나라는? 그래! 고조선이야. 그럼 고조선을 건국한 왕은 누구? 옳거니! 바로 나, 단군왕검이지. 내가 바로 우리 역사의 출발점이란 말씀! 껄껄껄! 한 나라 역사의 시작이 되는 왕! 이보다 더 위대한 왕이 있을까?

재위 기간 ?~?

최고 업적 고조선 건국.

인물 관계도
- 할아버지 환인
- 아버지 환웅 — 어머니 웅녀
- 단군왕검

닉네임 첫조상

좌우명 널리 인간 세계를 이롭게 하라! 유식한 말로 하면, 홍익인간(弘益人間)!

특이 사항 우리나라 건국 신화인 '단군 신화'의 주인공.

주목할 점 지금까지 이런 금수저는 없었다! 할아버지는 하늘 나라의 임금인 환인! 아버지는 그 아들인 환웅! 초, 초, 초대박 금수저 출신!

성격 알려진 게 없음! 개인 정보도 완전 봉인. 신비주의의 최고봉!

고조선은 어떤 나라냐고?

10월 3일이 무슨 날이지? 그래! 개천절!

개천절은 '하늘이 열린 날'이라는 뜻으로, 검색해 보면 이렇게 설명되어 있어.

'기원전 2333년에 단군이 우리나라 최초의 민족 국가, 단군 조선(고조선)을 건국했음을 기리는 뜻으로 제정된 국경일이다.'

캬아! 대단하지? 국경일로 기념할 정도로 고조선의 건국은 우리 역사에서 엄청난 일이라고! 바로 그 일을 해낸 사람이 바로 나, 단군왕검이란 말씀! 흠! 흠!

고조선은 어떤 나라였냐고?

우수한 청동기와 초기 철기 문화를 바탕으로 요동반도와 한반도 북부에 걸친 어마어마하게 넓은 땅을 다스렸던 나라, 그야말로 앞선 문화에 넓은 땅까지 가졌던 위대한 나라였지.

청동기 시대의 나라면 원시적이고 보잘것없었겠다고?

아니! 아니! 모르시는 말씀!

고조선이 앞선 문화의 나라였다는 증거

1. 엄격한 법의 나라

고조선은 신분제 사회였어. 죄를 지으면 법에 의해 노예가 되었지. 혹시 '8조법'이란 말 들어 봤어? 8조법은 백성을 다스리는 여덟 개의 법이란 의미로, 우리 고조선에 있던 법이야. 즉, 고조선은 나라를 법으로 다스릴 정도로 앞선 문화를 가졌단 의미지.

2. 개인 재산 인정

게다가 개인의 재산도 인정하는 앞선 사회였어. 신분의 차이도 있는 사회였어.

3. 건국 이념

고조선이 얼마나 위대한 나라였는지는 건국 이념을 보면 알지.
'홍익인간(弘益人間): 널리 인간 세상을 이롭게 한다.'
즉, 앞선 기술과 문화로 백성들이 잘 살 수 있게 했다는 거지.

그럼 단군 신화는 참말이냐고? 정말 환웅이 내 아버지고, 웅녀가 어머니냐고?

당연히 참말이고말고! 어디 감히 이 땅의 건국 신화를 의심해?

한 번만 더 그런 의심을 하면 천벌을 내릴 것이야! 흠! 흠!

그런데 말이야. 살짝! 아주 살짝 부풀린 게 있긴 해.

쉿! 요건 비밀이니까 혼자만 들어.

단군 신화를 보면, 하늘 나라의 임금이신 환인(우리 할아버지)에게는 아들 환웅(우리 아버지)이 있었어. 환웅은 '인간 세상을 널리 이롭게 하고 싶다(홍익인간)'고 생각했지. 그래서 무리를 데리고 태백산 꼭대기에 있는 신성한 나무, 신단수 아래로 내려와 그곳을 '신시'라 이름 짓고 사람들을 다스렸다고 하잖아.

그건 말이지. 우리 아버지인 환웅의 무리가 본래 이 지역에 살던 사람이 아니란 걸 말하는 거야. 하늘에서 내려왔다고 해도 믿을 만큼 뛰어난 인물들이 다른 지역에서 와 사람들을 다스리게 되었단 거지.

아차! 단군 신화를 잘 모른다고? 그럼 휘리릭 알려 줄테니 오른쪽에 있는 그림을 잘 봐. 어때? 이제 모르는 사람은 없겠지?

그런데 이 이야기에서 '바람을 다스리는 풍백, 비를 다스리는 우사, 구름을 다스리는 운사'를 데리고 왔다는 부분도 잘 생각해 봐야 해. 바람과 비와 구름은 농사를 짓는 데 영향을 미치는 중요한 요소잖아. 즉, 그만큼 주변 부족보다 앞선 농사 기술을 가진 무리였단 의미지.

그럼 환웅이 웅녀와 결혼해서 나, 단군을 낳았다는 이야기의 진실은 뭐냐고?

쉿! 요것도 비밀인데, 여기서 곰이란 '곰을 섬기는 부족'을 말해. 그러니까 곰 부족이 뛰어난 기술을 가진 환웅 부족을 동경하며 함께하고 싶어 했던 거지. 그래서 곰 부족은 결혼을 통해 환웅 부족과 함께하

하지만 호랑이는 못 참고 동굴을 뛰쳐나갔어. 곰은 잘 참아 내 21일 만에 사람(여자)이 되어 웅녀라 불렸지.

게 되었고, 결국 내가 태어난 거야.

그렇게 태어난 나, 단군왕검이 '조선'이란 나라를 세운 거란 말씀!

왜 굳이 하늘에서 내려왔네, 곰이 여인이 됐네 하는 이야기를 만든 거냐고?

왕이란 게 뭐야? 이 나라 백성들을 다스리는 최고 지도자잖아. 그런데 만약 나라를 세운 왕이 평범한 사람이라고 하면 어떻겠어? 시시하다고 여기지 않겠어?

아마 모두 왕이 되겠다고 나서며 날 우습게 여겼을걸.

그러니까 아무도 넘보지 못하게 신비롭고 대단한 인물이 되어야지. 안 그래?

그래서 살짝! 아주 살짝 과장을 했다. 뭐 이런 말씀!

여하튼 난 그렇게 나라를 세웠고, 단군왕검이란 이름으로 이 나라를 다스렸어.

'단군'은 하늘에 제사를 올리는 제사장이란 뜻이고, '왕검'은 나라를 다스리는 지도자라는 의미야. 그러니까 난 종교적 지도자이자, 동시에 정치적 지도자였던 거지.

그 이후로 내 이름은 이 나라 통치자들의 이름이 되었어. 그래서 그 후로도 1500년 동안이나 여러 명의 단군왕검이 차례로 이 나라를 다스렸지.

어때? 이 정도면 내가 '한반도 최초의 왕, 최고의 성군'으로 불릴 만하지?

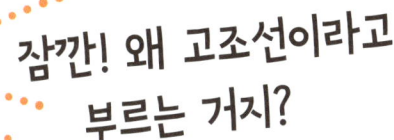

가만 생각해 보니 이상하네.
우리나라의 원래 이름은 '조선'이거든.
그런데 모두들 '고조선'이라고 부르지 뭐야.
그래서 나도 얼떨결에 그렇게 말하긴 했는데,
왜 자꾸 고조선이라고 부르는 거지?
대체 이유가 뭐야?

👍 2333   👎   ↗ 공유   ⬇ 오프라인 저장   ⋯

구독

#단군 #고조선 #왜고조선이래 #이유를밀해줘 #옛조선고조선 #헛갈려서그랬지

- 그건 제가 대답해 드리죠. 전 『삼국유사』를 쓴 일연 스님입니다요. 『삼국유사』가 처음으로 단군왕검 님 이야기를 담은 책인 건 아시죠? 그런데 단군 님 뒤에 위만 왕이 등장하잖아요. 그때를 저는 '위만 조선'이라고 불렀거든요. 그래서 그것과 구분해 고조선이라고 부르게 된 거죠.

- 아이고, 단군 님, 죄송합니다. 저희 학자들도 구분을 위해서 그렇게 부르걸랑요. 1392년에 이성계가 조선을 세우는 건 아시죠? 태조 이성계 님께서도 나라 이름을 '조선'이라고 하걸랑요. 그만큼 단군 님의 조선을 자랑스럽게 여기신 거죠. 그런데 우리 학자들 입장에선 둘 다 조선이라고 하면 헛갈리잖아요. 그래서 지금은 단군 조선과 위만 조선 모두 '옛날 조선'이라는 의미에서 '옛 고(古)'를 붙여 고조선이라고 합니다. 양해를 부탁드려용~

  ─ (단군왕검) 허, 이성계가 얼마나 나를 동경했으면 이름까지 따라 썼을꼬. 너그러이 이해하마! 허허허!

💬 댓글 달기...   게시

위만

부강한 나라 만들기는 내가 최고!

내 이름은 위만! 나도 고조선의 왕이야.
난 앞선 철기 문화를 발달시켜서 고조선을 더욱 강하고
부유하게 만들었지. 성군의 조건이 뭐겠어?
강하고 잘 사는 나라를 만들어서 백성들이 잘 먹고 잘 살게 하는 거잖아.
그런 의미에서 최고의 성군은 바로 나, 위만이라고
당당히 소리칠 수 있다고! 암만!

재위 기간 ?~?

닉네임 철기왕

최고 업적 철기 문화를 발달시킴.

좌우명 목표를 위해선 뭐든 다 한다!

특이 사항 중국 연나라 장군 출신.

성격 끈질긴 집념과 넓은 포용력.

위만 뇌 구조

- 임금이 되려는 욕망
- 철기에 대한 열정

연나라 출신 고조선 왕

그래! 그래! 난 연나라 출신의 고조선 왕이야. 중국 연나라에서 장군을 하다가 고조선의 왕이 되었거든.

당시 중국은 진시황제가 죽은 뒤 여러 나라로 갈라져서 서로 싸우던 혼란한 시기였어. 그런데 큰 힘을 가진 한나라가 등장하면서 내가 살던 연나라는 위기에 빠졌지. 그 때문에 고조선과 국경을 맞대고 있던 연나라 백성들이 전쟁을 피해 고조선으로 넘어가는 일이 많았는데, 나도 그때 고조선으로 넘어가게 되었어. 나를 따르는 천여 명의 사람들을 이끌고서 말이야.

그런데 고조선은 정말 멋진 나라더라고. 앞선 문화와 풍성한 농산물! 멋지게 세워진 수도 왕검성은 또 어떻고!

나는 그길로 고조선의 준왕을 찾아가 절절한 목소리로 빌었지.

"우리를 신하로 받아 주십시오. 받아만 주신다면 목숨을 다해 섬기겠나이다."

그러자 준왕의 두 눈이 반짝! 반짝!

"오호! 따르는 무리가 천 명이나 되는 걸 보니 지도력과 통솔력이 뛰어난 인재로구나. 서쪽 변방의 수비를 맡겨 줄 터이니 능력을 발휘해 보거라!"

준왕이 한눈에 내 능력을 알아본 거지.

왕의 기대대로 난 서쪽 변방을 적으로부터 아주 잘 수비했어. 백성도 잘 다스려서 나를 따르는 사람도 점점 늘고 말이야.

그런데 말이야. 힘이 강해지다 보니 차츰 욕심이 생기더라고.

'준왕만 쫓아내면 내가 조선의 왕이 될 수도 있는 거잖아.'

결국 난 왕이 되기로 결심했어. 그래서 작전 수립에 돌입했지. 이름하여 '뒤통수치기 작전!'

어때? 기막힌 작전이지?

뭐? 그건 배신이라고? 성군 자격이 없다고?

모르시는 말씀! 성군이란 모름지기 나라를 부강하게 하고 백성들을 잘 살게 하는 왕이야.

나는 내가 다스리던 무리와 원래 고조선 사람들을 차별하지 않고 골고루 관리에 임명했어. 그리고 철기 문화를 크게 발전시켜서 강한 나라를 만들었다고.

고조선은 주로 단단한 나무로 농기구를 만들고, 반달 돌칼을 만들어 사용했어. 그리고 제사 도구에는 청동기를 사용해서 청동 거울, 청동 방울, 청동 칼(실제 싸우는 칼이 아닌 의식용 칼)을 만들었지. 하지만 당시는 이미 강한 철기 문화로 바뀌어 가던 시기! 난 시대의 흐름을 바로 알아채고서 명령했어.

"철기로 바꿔! 바꿔! 무기도 철기로 바꿔! 다 바꿔!"

그 결과 국력도 증강! 농업 생산량도 증가! 고조선은 강하고 잘사는 부자 나라로 발전할 수 있게 되었지.

그러자 여러 나라들이 우리 고조선을 따르게 되었고, 한나라도 평화 동맹을 맺자고 제안을 하더라고.

험! 험! 그야말로 모두가 인정하는 강한 나라가 된 거야.

어때? 이래도 내가 성군이 아니라고 말할 사람 있어?

생생라이브 ▶ 위만

뭐? 내가 중국 사람인지 고조선 사람인지 밝히라고?

그걸 말이라고 해? 당연히 고조선 사람이지! 증거도 제시할 수 있어.
첫째, 연나라에서 고조선으로 넘어올 때 고조선 옷차림과 상투 튼 머리를 하고 있었어.
둘째, 왕이 되고도 나라 이름을 조선으로 그대로 썼잖아.
그건 내가 고조선 사람이라고 생각한다는 뜻이야. 내 출신이야 어떻든,
난 분명히 고조선 사람이야. 고조선!

어때! 내 말이 맞지?

고조선 남성 복식
- 상투
- 저고리
- 바지

구독 👍 194 👎 ↗ 공유 ⬇ 오프라인 저장 ...

#위만 #연나라 #출신따지지말자 #난누가뭐래도고조선사람이다

- 맞아! 맞아! 위만은 우리 고조선 사람이야!
- 원래 고조선 출신인데 연나라에 가서 살았다는 소문도 있더라고.
- 그런데 쫓겨난 준왕은 어떻게 됐을까?
- 확실치는 않은데, 남쪽 지역으로 내려가서 새로운 나라를 세웠단 소문이…….

댓글 달기... 게시

우거왕

버티기로는 내가 최고!

내 이름은 우거왕! 고조선의 마지막 왕이야.
마지막 왕이라면 내 시대에서 나라가 망했단 거지. 흑! 흑!
그런 왕이 무슨 성군의 자리를 노리냐고? 그렇게 말한다면 할 말은 없어.
하지만 나라와 백성을 지켜 내기 위해 나도 죽기 살기로 싸웠다고.
나라를 지키기 위해 목숨을 걸고 버텨 낸 파란만장한 세월.
눈물 없인 들을 수 없는 우리 고조선의 마지막 순간을 들어 봐.

재위 기간 ?~기원전 108년

닉네임 버티기짱

최고 업적 중계 무역으로 나라를 부강하게 함.

좌우명 버티는 자가 이긴다.

특이 사항 위만의 손자.

성격 절대 쉽게 항복하지 않는 불굴의 투지!

우거왕 뇌 구조
- 위만
- 한무제
- 우거왕
- 왕자 장
- 반대파 신하 니계상 삼
- 같은 파 신하 성기

죽기 살기로 버티기 1년!

내 할아버지인 위만 시절은 그야말로 고조선의 최고 발전기였어.

나, 우거왕도 그 뒤를 이어 고조선을 부강하게 만들어 나갔지.

내 특기는 중계 무역!

중계 무역이란 다른 나라에서 사들인 물건을 또 다른 나라에 팔아서 이익을 남기는 무역이야.

우리 조선은 한나라와 주변 나라들 사이에서 중계 무역을 통해 많은 이익을 남기며 부강해져 갔어.

그러자 한나라의 왕인 무제는 우리 고조선이 그들의 적인 흉노 등 주변 나라들과 무역을 하며 발전하는 게 불안했나 봐.

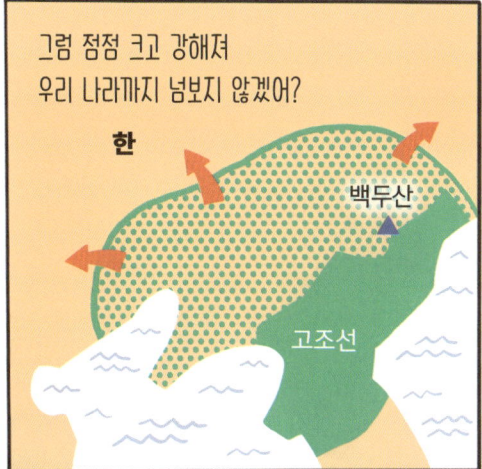

결국 한무제는 우리 고조선을 공격해 왔어.

"육지로 오만의 군사를! 바다로는 칠천 명의 군사를 보내 공격하라!"

하지만 우리 고조선이 어떤 나라야. 단군왕검부터 시작된 엄청난 역

사를 자랑하는 나라잖아.

"쫄지 마라! 우리가 한나라를 이길 수 있다!"

나는 막강한 수군을 보내 한나라 수군을 기습 공격하게 했어. 뒤이어 한나라 육군도 역시 한 방에 물리쳤지.

대단하다고? 멋지다고?

뭐, 이 정도쯤이야! 우리 고조선이 맘먹으면 못 당할 나라가 없지. 험! 험!

그런데 문제는 다른 곳에서 발생하고 있었지 뭐야.

한나라 군대가 1년이 지나도 물러가질 않는 거야. 계속된 전쟁에 백성들도 군인들도 지쳐 갈밖에.

그러자 똘똘 뭉쳐 싸우던 신하들 사이에서도 의견이 갈리면서 내분이 생긴 거지.

물론 난 강경파였지. 전쟁은 버티기거든. 무조건 끝까지 버틴 자가 이겨.

"버텨라! 이를 악물고 끝까지 버티면 이긴다!"

그런데 한나라는 우리 신하들의 마음을 꼬드기는 전술까지 썼어.

"항복만 해. 그럼 높은 벼슬도 주고 돈도 줄게. 응?"

그러자 상상도 못 한 일이 벌어졌지 뭐야. 꼬임에 넘어간 신하 니계상 삼이 한나라와 손을 잡고서 내게 자객을 보낸 거야.

"윽!"

결국 난 자객의 칼에 찔려 죽고 말았지. 그리고 한나라는 고조선을 멸망시킨 뒤, 한사군(낙랑, 임둔, 진번, 현도를 일컫는 4개의 지방 행정 구역)을 설치하고 지배했어.

아! 그때를 생각하면 눈물이 흑! 흑!

조금만 더 버텼다면 지친 한나라 군사들은 물러날 수밖에 없었을 거야. 그리고 우리 고조선의 역사도 거기서 끝나지 않았을 텐데…….

다시 생각해도 땅을 칠 일이지. 하지만 어쩌겠어. 이것도 우리 고조선의 역사인걸.

그래도 단군왕검과 위만, 그리고 나, 우거왕의 이야기를 통해 우리 고조선의 역사가 정말 엄청나고 위대했단 건 모두 알았을 거야. 그치?

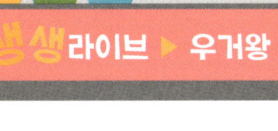 생생라이브 ▶ 우거왕

신하 성기를 칭찬하노라!

내 비록 죽은 몸이나 부하 성기만은 칭찬을 해야겠노라! 내가 죽자 왕자 장(장로)을 비롯해 많은 신하가 한나라에 항복했지, 하지만 성기를 비롯한 몇몇 신하들은 죽음을 각오하고 왕검성을 지키며 싸웠노라. 비록 끝내 왕검성은 함락됐지만, 끝까지 버틴 고조선의 마지막 충신인 성기를 칭찬하노라.

구독 👍 108 👎 ↗ 공유 ↓ 오프라인 저장

#우거왕 #충신성기 #왕검성함락
#고조선마지막충신 #성기칭찬해

- 🔴 (성기) 황공하옵니다. 하지만 끝내 나라를 지키지 못했으니 이 불충을, 흑! 흑!
- 🟡 아니에요. 끝까지 싸워 낸 성기 님은 진정한 충신!
- 🔴 성기 님 파이팅!
- 🔵 (왕자 장) 에구! 얼마나 억울하셨으면 죽어서도 이렇게 나타나셨을꼬. 아버님! 잘못했어요. 흑! 흑!
- 🔴 (삼) 저도 잘못했어요! 흑! 흑!

💬 댓글 달기...

한눈에 쏙!
고조선 역사표

단군왕검, 고조선 건국.
기원전 2333년

고조선에 철기 보급됨.
기원전 400년경

기원전 2000년경
한반도에 청동기 들어옴.

위만, 고조선 왕이 됨.
기원전 194년

고조선 멸망.
기원전 108년

기원전 109년
한나라가 쳐들어옴.

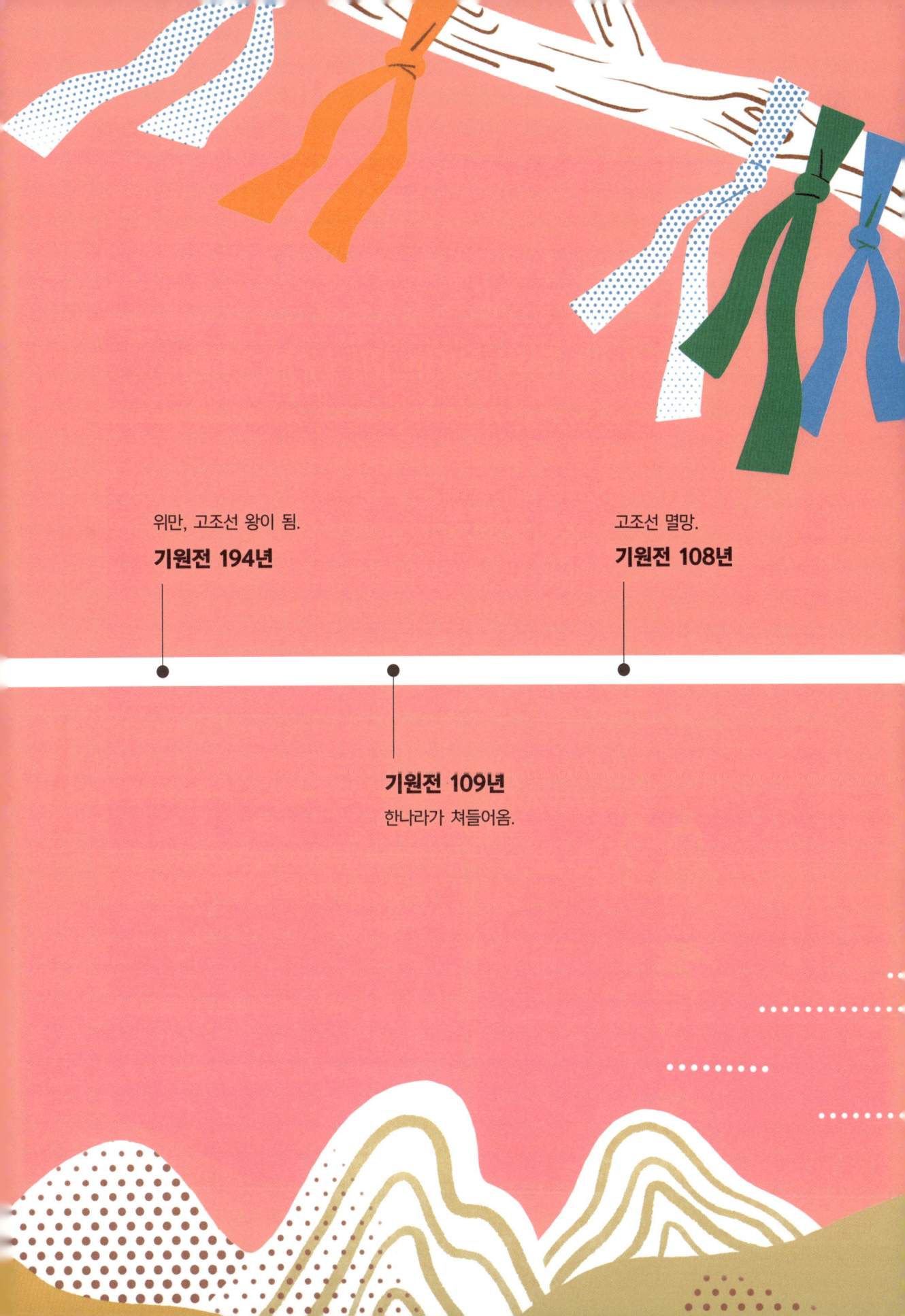

고구려

동명 성왕

고구려의 맨 처음 왕이니까 내가 최고!

'말을 타고서 광야를 내달리는 용맹한 무사의 나라' 하면 어느 나라가 생각나? 그래! 바로 우리 고구려지. 고구려는 막강한 군사력으로 만주와 한반도의 넓은 영토를 다스렸던 동아시아 강국이거든. 그 나라를 세운 왕이 바로 나, 동명 성왕이야. 그러니 나보다 더 대단한 왕이 있을라고.

재위 기간 기원전 37년~기원전 19년

닉네임 주몽

최고 업적 고구려 건국.

좌우명 무조건 살고 보자!

특이 사항 알에서 태어남.

출생의 비밀 어머니는 물의 신 하백의 딸인 유화, 아버지는 하느님의 아들 해모수.

특기 활쏘기

성격 신중하고 꾀가 많으며 눈치가 빠름.

인물 관계도

아버지 해모수와 어머니 유화

동명 성왕

아들 유리왕

강점 부여 일곱 왕자들에게 왕따를 당하면서도 기죽지 않고 당당히 버텨 낸 강인한 정신력.

목숨을 건 부여 탈출 작전!

기원전 37년에 난 압록강 지류인 동가강 유역에 고구려를 세웠어.

우리 고구려는 한반도 북부와 중국 동북 지방을 무대로 발전한 고대 국가이지.

뭐? 고구려를 건국하게 된 이야기를 들려달라고?

캬아! 그 이야기를 시작하면 아마 3박 4일은 걸릴걸. 그 과정이 50부작 역사 드라마로 만들어도 모자랄 정도로 엄청났거든.

고조선이 멸망한 뒤 만주와 한반도에는 철기가 널리 보급되었는데, 그 철기를 바탕으로 여러 나라가 생겨났어. 부여, 옥저와 동예, 삼한(마한, 진한, 변한) 등등 말이야.

나는 그중 부여에서 금와왕의 일곱 아들과 함께 자랐어.

부여의 왕자였냐고? 아니! 아니! 사실 그 사연은 참 별나고 흥미진진하니까 잘 들어 봐. 나도 어머니한테 들은 이야기거든. 이야기는 태백산 남쪽 우발수라는 곳에서 시작돼.

하루는 부여의 금와왕이 우발수에서 울고 있는 어여쁜 여인을 보게 되었어. 왜 우냐고 물었더니 그 여인이 하는 말이 요상해.

"저는 물의 신 하백의 딸로 유화라고 합니다. 어느 날 하느님의 아들 해모수와 하룻밤을 지냈는데, 그걸 아신 부모님께서 내쫓아 버렸지 뭐예요. 흑흑!"
 가여운 마음에 금와왕은 여인을 궁궐로 데려와 살게 했는데, 흐미! 또 요상한 일이 생겼어.
 어느 날 햇살 한 줄기가 유화의 몸을 환히 비추었는데, 그날로 유화의 배가 불러 오더니 알을 낳았지 뭐야.
 "사람이 알을 낳다니! 흉측한 일이로다."
 놀란 왕은 알을 개와 돼지의 먹이로 던져 버리게 했지.

한데 개와 돼지 들이 먹기는커녕 슬금슬금 알을 피하네.

그래서 이번에는 말과 소에게 던져 줬더니 말과 소도 조심조심 알을 피하고, 새들은 날아와 알을 따뜻하게 품어 주기까지 하네.

깨 보려 해도 얼마나 단단한지 꿈쩍도 않지 뭐야.

"할 수 없지. 어미에게 돌려주어라."

유화의 품으로 돌아온 알은 시간이 지나자 금이 가며 깨졌는데, 거기서 사내아이가 쑥 나온 거야.

알을 깨고 나온 아이라니! 이 얼마나 신비롭고 신령스런 존재야.

바로 그 아이가 바로 나, 동명 성왕이란 말씀! 험! 험!

나는 신비한 탄생만큼이나 능력도 출중했다고. 얼짱으로 불리는 외모에 하나를 배우면 백을 깨닫는 똑똑함! 활 솜씨는 또 얼마나 대단한지 쐈다 하면 백발백중!

그 때문에 어릴 때는 주몽으로 불렸다니까. 부여나 고구려에서는 활을 잘 쏘는 사람을 '주몽'이라 했거든.

그런데 내 능력이 탁월해 금와왕의 일곱 왕자가 날 경계하기 시작하더라고. 내가 자신들의 자리를 넘볼까 봐 두려워진 거지.

하루는 어머니가 말했어.

"주몽아, 아무래도 여기 있다간 네가 살아남지 못하겠구나. 부여를 떠날 준비를 해라."

그날로 난 '부여 탈출 작전!'을 세웠어.

한데 죽어라 뒤쫓아 오는 왕자와 군사 들을 따돌릴 수가 없더라고. 게다가 엄시수라는 곳에 이르러 길까지 막히고 말았지 뭐야.

눈앞으로 펼쳐진 거대한 강! 다급해진 난 기도하는 마음으로 강물을 향해 소리쳤어.

"나는 하느님의 손자이자 물의 신 하백의 외손자다. 위험을 피해야 하는데 어찌하면 좋겠는가?"

그러자 놀라운 일이 벌어졌어. 물고기 떼와 자라 떼가 새까맣게 떠올라서 다리를 만든 거야.

우리가 강을 건너자마자 물고기와 자라 들은 어느새 흩어져 버렸지.

덕분에 우리는 부여 탈출에 성공!

그 뒤 졸본천이라는 곳에 도착한 난 바로 알아봤어.

"이곳은 산과 강이 험해 외부에서 적들이 함부로 쳐들어올 수 없겠어. 땅도 기름져서 살기도 딱 좋겠구나."

나는 그곳을 도읍으로 정하고 나라를 세워 이름을 '고구려'라 했지.

비록 당시는 궁궐을 지을 여력조차 없어서 초막으로 시작했지만, 이후 고구려는 눈부시게 발전하며 동아시아 최강의 나라로 커 나가게 된다고! 대단하지?

고구려가 유난히 군사력이 강했던 비법이 뭐냐고?

쉿! 일급 비밀이니까 여기서만 살짝 알려 줄게. 여러 원인이 있지만 중요한 하나는 바로 요것! 사실 고구려는 산이 많고 농사를 지을 땅이 적어. 그러다 보니 먹거리가 부족해서 주변 나라를 정복하거나 싸워서 곡식을 충당해야 했지. 그래서 고구려 사람들은 무술 실력을 중요하게 여기게 됐고, 자연스럽게 군사력이 강해진 거지.

👍 37   👎   ↗ 공유   ⬇ 오프라인 저장

#동명성왕 #고구려막강군사 #고구려최강무술 #쉿비밀아닌비밀이야 #놓치지말아요

- 헐! 생각지도 못한 반전 원인!
- 당시엔 전쟁을 하는 큰 이유가 바로 그거였지 뭐. 먹거리를 위한 전쟁! 당연한 거라고.
- 게다가 말을 타고 달리는 북방 기마 민족의 특징도 한몫했을 듯!
- 그렇게 길러진 막강 군사력으로 옛 고조선 땅을 다 되찾고 강대국으로 성장! 대단해요!
- 나, 신라 사람. 여하튼 고구려가 턱 버티고 한반도를 노리는 중국에 대한 방어벽 역할을 해 주니 우린 땡큐! 우리 신라만 넘보지 말아 주세요~

댓글 달기...   게시

고국천왕

강한 왕권을 만든 내가 최고!

난 고구려의 아홉 번째 왕인 고국천왕이야.
고구려에서 왕권을 막강하게 만든 왕이지.
왕권이 강해진 게 성군이 되는 것과 무슨 상관 있냐고?
하아! 그건 몰라도 너무 모르는 소리!
지금부터 내 이야기를 잘 들어 봐.

재위 기간 179년~197년

닉네임 막강왕

최고 업적 왕권 강화, 고구려의 사회 보장 제도인 진대법 실시.

좌우명 때를 알고 추진하면 백전백승!

특징 키가 아주 크고 힘이 셈.

특기 때를 기다렸다가 치고 나오기.

고국천왕 뇌 구조
- 참자! 참자!
- 강한 힘을 키우자!
- 때를 기다리자!

쭈글 왕에서 막강 왕으로

처음부터 내가 힘과 권력이 강한 왕이었던 건 아냐.

내가 왕이 되었을 때는 왕비의 친척들이 막강한 힘을 가지고 있었거든.

"고구려의 실제 권력자는 왕이 아니라 우리다! 하하하!"

왕비의 친척들은 큰소리를 떵떵 치며 제멋대로 나라를 쥐고 흔들었어.

그러다 보니 난 거의 힘이라곤 없는 쭈글 왕이었지.

한데 이들이 하는 짓 좀 보소.

더 이상 참을 수가 없더라고!

나는 참고 참았던 칼을 뽑아 들었지.

"왕비의 친척들을 몽땅 잡아들여라!"

물론 왕비의 친척들은 반란까지 일으키며 저항했어.

하지만 내가 누구야? 오랜 시간 마음속 깊이 큰 뜻을 품고 때를 기다려 온 고국천왕이라고!

나는 직접 군사를 몰고 나가서 반란을 진압해 버렸어.

반란을 진압하면서 내 인기는 오르고, 따르는 자들도 많아졌어.

이때다 싶었지.

'개혁을 시작하자. 개혁을 통해 강한 왕, 강한 고구려를 만들어야 해.'

개혁의 시작은 역시 인재 개혁부터!

나는 을파소라는 이를 데려오기로 마음먹었어.

을파소가 누군가 하면, 유리명왕 때의 대신인 을소의 후손으로, 지혜롭고 총명했어. 대신 집안에서 자라 어린 시절부터 익힌 정책 수립 능력이 최강이었지!

지금은 농사를 짓고 있지만, 때를 만나면 큰 뜻을 펼칠 각오가 되어 있었어.

나는 농사꾼이 된 을파소를 불러올려서는 국상의 자리에 앉혔지.

국상은 고구려에서 가장 높은 벼슬이야. 한마디로 임금 아래 최고의 권력을 쥐여 준 거지.

똑똑한 인재를 얻었으니 이제 제대로 된 정책을 펼칠 차례!

을파소와 난 실력 있는 관리들을 뽑으며, 귀족들이 벼슬을 돈으로 사고파는 비리를 저지르지 못하도록 막아 버렸어.

그래도 나와 을파소의 정책 중 최고는 역시 진대법!

당시 우리 고구려에서는 봄이 되면 굶주리는 백성이 많았어. 가을에 거둔 곡식이 떨어지는 시기였기 때문이지.

그러자 귀족들은 백성들에게 곡식을 빌려주고 비싼 이자를 받더라고. 제때 갚지 않으면 백성들의 땅을 빼앗거나 노비로 삼아 버리고 말이야.

그런데 그걸 본 을파소가 묘안을 내놓았지.

"백성들이 굶주리는 봄에 나라에서 곡식을 빌려주고, 곡식을 거두는 가을에 되받는 제도를 만들면 좋겠습니다."

캬아! 정말 기막힌 방법이지 뭐야.

그럼 백성은 굶주리지 않아 좋고, 나라는 재물이 넉넉해지니 좋고! 그야말로 꿩 먹고 알 먹고! 도랑 치고 가재 잡고!

이게 바로 진대법! 우리 고구려에서 벌인 최초의 사회 보장 제도였던 거지.

진대법은 그 후에 고려의 흑창, 조선의 환곡으로 발전해 나갈 만큼 훌륭한 제도였어.

진대법의 실시로 우리 고구려는 살기 좋은 나라라고 소문이 자자해졌어.

내 인기도 완전 급상승! 그러니 왕권이 자연스럽게 강해질 수밖에.

이 기세를 몰아 난 왕의 자리를 아들에게 물려주는 '왕위 부자 상속' 제도도 만들었어.

왕의 힘을 더 강하게 해서 귀족이 왕권을 흔드는 일이 없게 한 거지.

백성은 부강하게! 왕권 확립으로 나라는 강하게!

어때? 이보다 더 위대한 성군은 아마 없을걸.

잠깐! 특별 소개!

뭐? 제1대 왕이신 동명 성왕에서 제9대 왕인 나, 고국천왕으로 훌쩍 넘어와 버려서 아쉽다고?

그래! 그럴 거야. 나도 아쉬워. 그래서 그사이 선대 왕들 중 제6대 왕이셨던 태조왕을 잠시 소개할게.

태조왕은 우리 고구려의 기초를 다지신 왕이야. 재위 기간 동안 동옥저를 정벌하고, 갈사국과 같은 주변의 작은 나라들을 병합해 고구려 영토를 확장했지. 또한 중국 한나라 세력을 몰아내는 데 힘을 기울였어. 그리고 중앙 집권 체제의 토대를 마련하며 고대 국가를 확립하셨지. 어때? 우리 선대 왕이신 태조왕도 대단하지? 내가 바로 이런 분들의 후손이란 말씀! 흠! 흠!

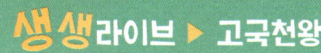 생생라이브 ▶ 고국천왕

첫 만남에서 보인 을파소의 배짱!

이날 내가 "높은 벼슬을 줄 테이니 백성을 위해 일하여라."
하였더니 을파소가 이러더라고.
"뜻은 감사하오나 저는 돌아가서 농사나 짓겠나이다."
첨엔 괘씸하더라고.
'헐! 요놈 보소! 더 높은 자리를 내놓으라?
보통 배짱이 아니로구나.'
한데 가만 생각하니 이해는 돼.
'하긴 인재를 쓰려면 그에 걸맞는 자리와 힘을 줘야 하는 법!
그래야 썩어 빠진 귀족들의 힘을 누를 수 있겠구나.'
결국 난 을파소에게 고구려에서 가장 높은 벼슬인
국상의 자리를 내주었지.

👍 91   👎   ↗ 공유   ⬇ 오프라인 저장   ···

구독

#고국천왕 #을파소 #가장높은벼슬 #국상자리원해 #배짱보소 #물리기없기

🟢 그 왕에 그 신하로다!
🟢 을파소 대단해요! 하긴 저 정도 배짱은 돼야 귀족들을 누르지.
🟢 역시! 최고의 왕에겐 최고의 재상이 있는 법!

💬 댓글 달기...   게시

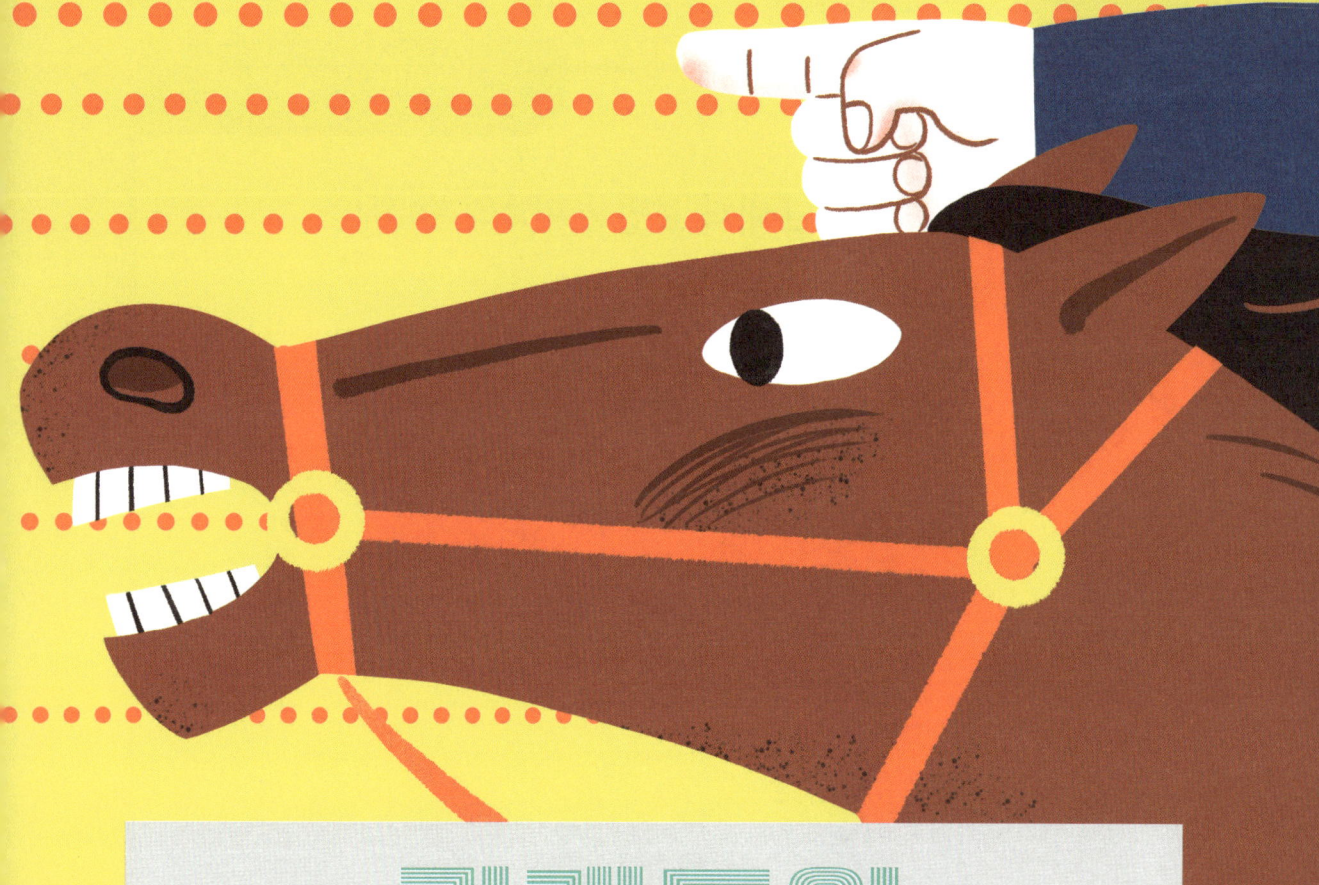

광개토왕

아시아 최강 고구려를 만든 내가 최고!

이름은 들어 봤나? 광개토 대왕!
'왕'를 넘어 '대왕'으로 불리는 왕이라면 그 위대함이야 말할 것도 없지 뭐.
내 능력과 업적이 얼마나 대단하면 죽은 뒤에도 '대왕'으로
불리며 칭송을 받겠어. 고구려 최고의 왕! 고구려를 동북아시아의 중심으로
우뚝 세운 왕! 나, 광개토왕의 이야기를 시작해 볼게.

재위 기간 391년~412년   **본래 이름** 담덕

좌우명 고구려를 위대하게!

닉네임 대왕님

최고 업적 백제, 고구려, 중국 후연까지 무릎 꿇리며 동북아시아 최강임을 자랑함. 만주 지역까지 영토 확장.

특징 대왕다운 풍모에 카리스마 짱!

특기 전쟁에서 승리하기! 전쟁의 신으로 불림.

성격 거침없이 밀어붙이는 추진력 짱!

광개토왕 뇌 구조

- 중국 후연에 복수
- 최강 나라 건국
- 백제에 복수

설명이 필요 없는 전쟁의 신

짜잔~ 자, 보시라. 드넓은 우리 고구려의 영토를!

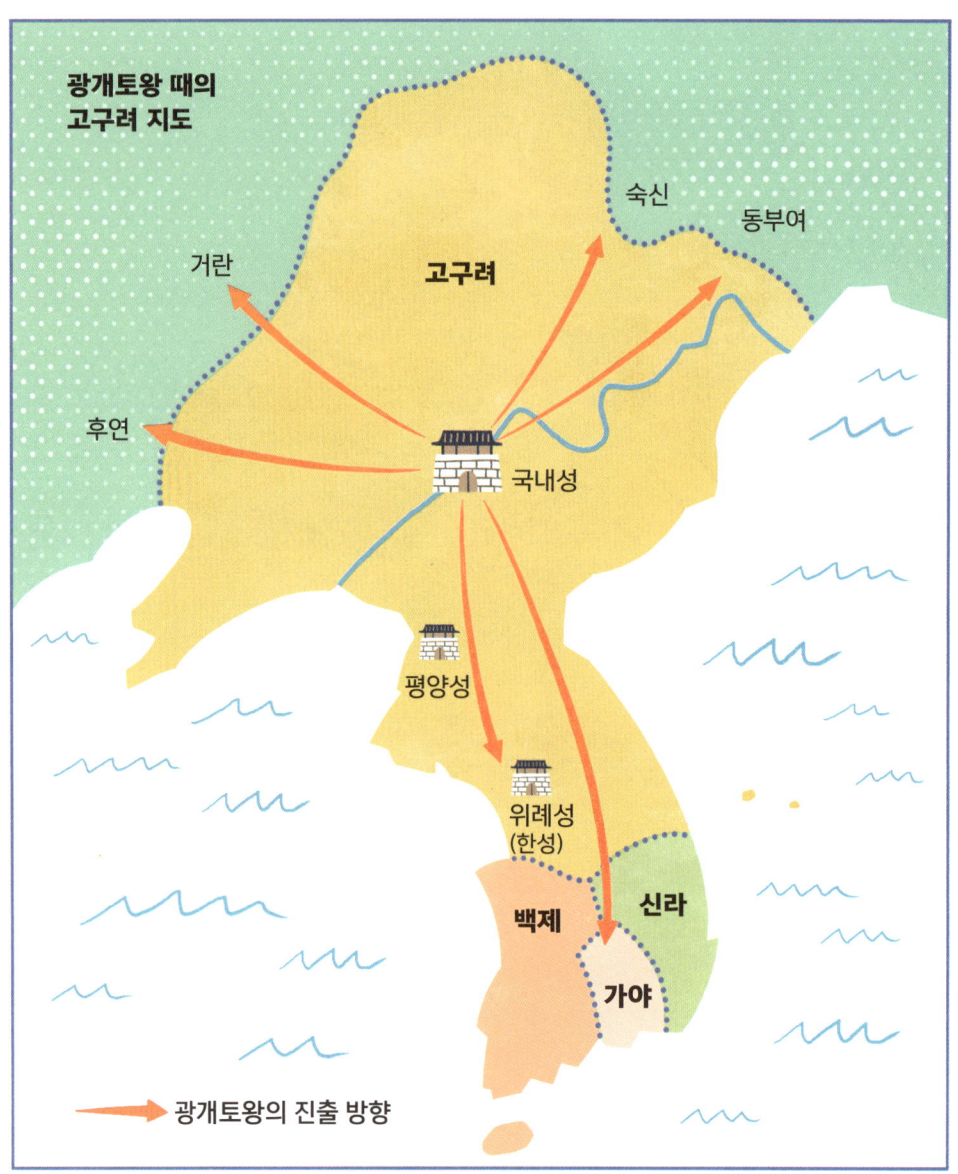

나는 고구려 땅을 북쪽으로 쭉쭉 넓혀 이렇게 큰 나라로 만들었지.

어떻게 땅을 넓힐 수 있었냐고?

그 원동력은 복수심!

예전에 내 증조할아버지인 미천왕은 극악무도한 중국 전연(후에 후연이 됨.)의 손에 무덤 속 시신이 파헤쳐지는 굴욕을 당했거든. 할아버지인 고국원왕은 백제에게 죽임을 당했고 말이야.

나는 이것이 모두 나라가 힘이 약한 탓이라고 생각했어. 그래서 왕이 되기 전부터 단단히 다짐했지.

"증조할아버지와 할아버지의 원수를 꼭 갚고 말겠어. 누구도 넘보지 못하는 강한 고구려를 만들 거야. 두고 봐!"

그래서 특별한 작전을 벌였지.

'강한 고구려 만들기 작전!'

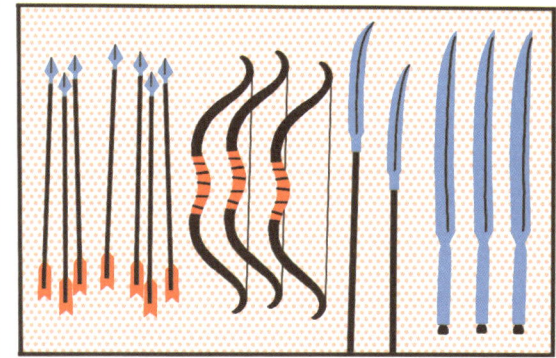

열여덟 살에 왕에 오른 난 모든 준비를 끝냈어.

첫 번째 목표는 백제!

"억울하게 죽은 할아버지 고국원왕의 원수를 갚자!"

나는 번개처럼 빠르고 강한 철갑 기병대를 출동시켜 백제 북쪽에 있는 10개의 성을 무너뜨렸지. 한강 북쪽의 여러 마을도 빼앗고 말이야.

백제에 대한 공격은 계속 이어졌어. 그 기세를 몰아 관미성을 공격하기 시작했거든.

관미성은 바다로 둘러싸인 요새! 관미성을 정복하기 위해서는 철갑 기병대만으로는 부족해.

"수군과 연합해서 작전을 벌여라!"

육지에서 우리 육군과 백제군이 싸우는 동안, 수군을 이끌고 바닷길로 가서 동시에 합동 공격을 퍼부은 거야.

물론 공격은 대성공!

기세를 몰아 백제의 수도인 한성까지 공격!

육군과 수군의 막강 합동 공격을 감당할 수 없었던 백제의 아신왕은 성문을 열고 나와 항복을 하고 말았지.

뭐 이쯤 되니 우리 고구려군의 위력이 대단해질밖에.

이웃 나라들은 '고구려군'이라는 말만 들어도 벌벌!

신라의 내물왕은 내게 특별한 도움까지 청해 왔지 뭐야.

"왜나라가 쳐들어와서 백성들을 괴롭히고 있어요. 도와주세요. 그럼 고구려를 잘 섬기겠나이다!"

순간 난 직감적으로 알아챘어. 이건 우리 고구려군의 힘을 제대로 보여 줄 절호의 기회란 걸!

그냥 두면 왜나라는 백제와 손을 맞잡고서 우릴 노릴지도 몰라. 뜨거운 맛을 보여 줘야 해.

나는 바로 출동 명령을 내렸지.

"용맹한 군사들이여! 당장 달려가서 왜군을 몰아내라!"

물론 이번 전쟁도 완전 승리!

왜군은 제대로 싸워 보지도 못한 채 허둥지둥 달아나 버렸어.

그렇다고 만족할 내가 아니지. 아직 후연에 대한 복수가 남았잖아.

후연이 있는 북쪽 땅에서의 싸움은 말의 기동성이 중요해.

좋은 말은 충분히 확보했냐고?

내가 또 누구야. 전쟁의 신, 광개토왕이잖아. 이미 거란과 숙신(중국 북동 방면에 살던 이민족)을 공격했을 때 좋은 말들을 빼앗아 놓았지.

잘 훈련된 기병대와 훌륭한 말, 거기에 자신감까지 넘쳐나니 결과야 뻔하지.

랴오허강을 건너 후연을 공격한 우리 군은 완전 승리!

이제 복수가 끝났으니 전쟁은 멈추었겠다고?

천만의 말씀! 이 기세를 몰아 우리 고구려의 땅을 넓힐 수 있는 최고의 기회잖아.

나는 두만강 언저리로 눈을 돌려 동부여를 공격했고, 넓디넓은 중국 만주 지방 대부분을 차지했어.

그야말로 막강 대국 고구려를 이룬 거지.

어때? 이러니 성군 중 최고의 성군! '대왕'이란 칭송을 듣고도 남겠지?

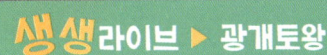 생생라이브 ▶ 광개토왕

광개토 대왕릉비를 세웠다는데!

내 업적이 얼마나 위대한지, 비까지 세워졌다고!
내 아들 장수왕이 내 무덤 근처에 세운 비석인데,
엄청난 크기와 높이를 자랑하지!
1800여 자의 글자 속에 기록된 나의 위대한 업적!
후손들이 나에 대해 연구하는 데 중요한
자료가 아닐 수 없어.

구독 👍 1800 👎 ↗ 공유 ⬇ 오프라인 저장 ⋯

#광개토왕 #광개토대왕릉비 #업적기려 #중국길림성에위치 #밝힐비밀많아

- 우리 고구려 백성들이 광개토왕의 업적을 기리기 위해 세운 비석이라고.
- '나라의 영토를 넓히고, 백성을 편안하게 살 수 있게 만들어 준 위대한 왕!'이라고 쓰여 있네요. 와! 대단!
- 헉! 높이가 6.4미터! 아파트 2층 높이잖아.
- 장수왕의 효심도 대단!

댓글 달기... 게시

장수왕

최고 경제 대국 전성기를 이룬 내가 최고!

난 광개토왕의 아들인 장수왕!
드넓은 만주 땅을 누비던 아버지의 의지와 정신을 그대로 이어받았어.
아버지가 북쪽으로 땅을 넓혔다면, 난 이제 남쪽으로 땅을 넓혀
더 크고 풍요로운 고구려를 만들 거야. 남쪽이라면 백제와 신라의 땅!
자, 내가 어떻게 땅을 넓혀 가는지 지켜 봐.

재위 기간 412~491년

닉네임 땅신

최고 업적 영토를 최고로 넓히며 고구려 전성기를 이룸.

인물 관계도

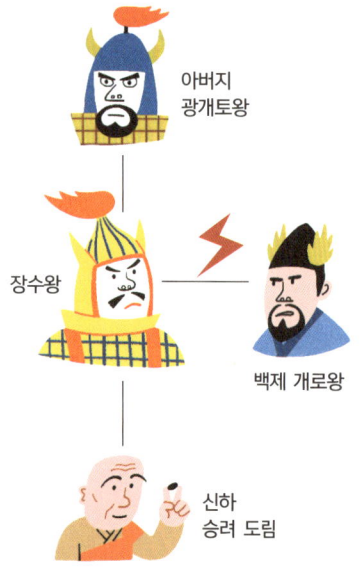

아버지 광개토왕
장수왕
백제 개로왕
신하 승려 도림

좌우명 아버지 광개토왕의 정신을 잇자!

특이 사항 98세까지 오래오래 살아 이름도 장수왕.

특기 영토 넓히기, 외교술도 능수능란.

성격 은근 꾀와 계략에 능한 지략가.

남쪽으로! 남쪽으로! 남진 정책!

남쪽으로 땅을 넓히기 위해서 난 수도부터 옮기기로 했어. 지금의 국내성에서 평양성으로 말이야.

수도를 옮겨야 하는 이유는 내가 조사한 이 자료를 보면 알 거야.

장점
▶ 험준한 산으로 둘러싸여 적의 공격을 막기 좋음.

단점
▶ 좁고 교통이 불편함.

장점
▶ 대동강 유역의 넓고 기름진 평야로 농사를 통해 경제력을 높일 수 있음.
▶ 서해를 통해 중국을 쉽게 오갈 수 있으므로 육로와 바닷길을 통해 동북아시아의 중심 역할 가능.
▶ 이미 절을 만들고 성을 쌓아 백성들이 옮겨 와 살고 있음.
▶ 한강이 가까워서 백제를 정복하기에 유리함. (요게 아주 중요해!)

단점
▶ 딱히 없음.

이러니 평양성으로 수도를 옮기는 일은 착착 진행되었지.

그래서 우리 고구려의 수도는 이렇게 바뀌게 됐어.

수도도 옮겼으니 이제 본격적으로 땅을 넓힐 차례야. 강력한 군사력을 앞세운 우리 고구려군은 차례차례 땅을 정복해 나갔어.

새로 정복한 땅에는 반드시 성을 쌓았는데, 당시 요동 땅에만도 우리가 쌓은 성이 무려 2백여 개! 게다가 내성과 외성이 있는 쌍성 구조로 외적이 침입하기 힘들게 만들었지.

그러니 요동 땅에서 평양까지 오려면 수많은 성을 거쳐야만 했어.

아무리 강한 적군이라도 감히 평양성을 공격할 엄두를 못 낼밖에.

나는 외교술도 능수능란해.

내가 얼마나 외교를 잘하는지는 중국 상황을 보면 알아.

당시 중국은 상황이 복잡했는데, 북쪽을 통일한 북위가 북연과 전쟁을 벌였고, 남쪽으로는 송나라, 몽골 초원에는 유목 국가 유연까지 있었어. 어디든 잘못 미움을 샀다가는 큰 전쟁에 휘말릴 수 있는 상황!

하지만 난 두루두루 사이좋게 지내면서 고구려의 이익은 쏙쏙 잘도 챙겼지.

외교의 고수란 게 뭐야. 전쟁 없이 이익을 챙기는 것! 그게 최고잖아.

아차! 남진 정책 이야기를 하던 중이었지?

평양으로 수도를 옮겼으니 이제 본격적으로 남쪽의 백제를 정복할 시간이야.

한데 가만 보니 백제의 개로왕이 내 계획을 알아챈 낌새더라고. 그래서 북위의 왕에게 고구려를 공격하라고 사신까지 보냈다나 뭐라나.

"개로왕을 당장!"

나는 바로 백제를 공격하고 싶은 마음이 굴뚝같았지. 하지만 전쟁은 욱하는 성질로 하면 안 돼.

'섣불리 공격하면 백제가 왜나라를 끌어들이겠지?'

고민 끝에 난 특별한 작전을 벌이기로 했어. 바로, '첩자로 개로왕 녹이기 작전!'

드디어 우리 고구려군이 백제의 수도 한성을 향해 돌격! 불과 7일 만에 백제의 북쪽 성을 무너뜨릴 수 있었어.

이로써 우리 고구려는 한강을 차지하게 되었고, 백제는 수도를 웅진으로 옮겨야 했지.

남진 정책은 여기서 끝나지 않았어.

나는 백제와 신라가 중국으로 갈 수 있는 길을 꽉 틀어막으며 충청도까지 영토를 넓혔어.

백제와 신라는 한반도에 갇혀 옴짝달싹할 수 없게 돼 버린 거지. 하하하!

이로써 우리의 영토는 그 어느 때보다 넓어졌고, 고구려는 최대의 전성기를 맞이했다는 말씀!

아버지 광개토왕이 일군 업적을 기반으로 최고로 넓은 영토, 최대 경제 전성기를 이룬 나, 장수왕!

이 정도면 왕 중 최고가 아닐까?

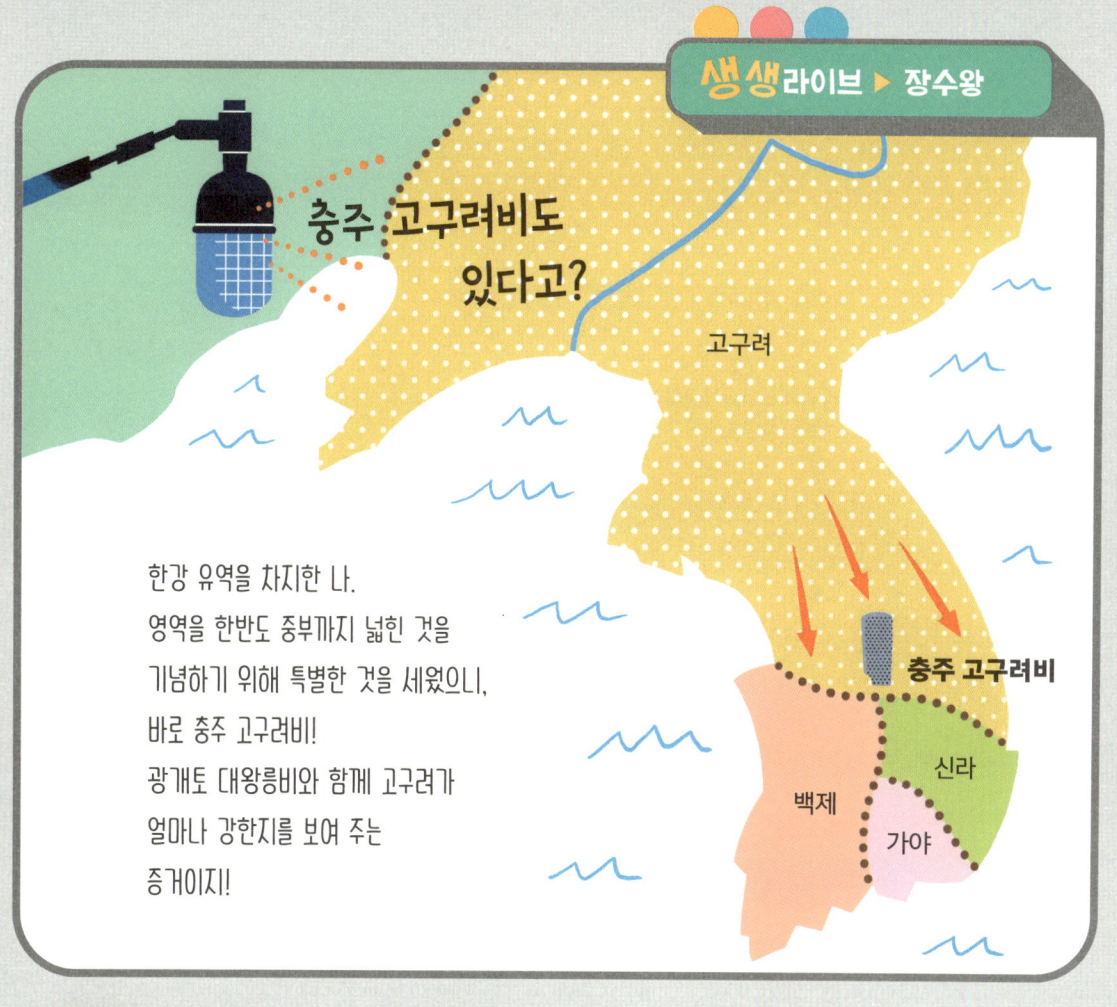

#장수왕 #충주고구려비 #'중원고구려비'라고도해 #한강유역차지 #영토확장기념 #국보제205호

- 축하해요, 장수왕 님!
- 얼마나 기쁘셨으면 기념비까지 세웠을까?
- 나, 장수왕인데, 지금 봐도 넘 자랑스러워. 저 시대에 카메라가 있었다면 찰칵! 꼭 기념사진을 남겼을 텐데 말이야. 아쉽군!
- 나라도 가서 꼭 찍어야지.

고구려 왕 계보

한눈에 쏙!

고구려 세움.
(기원전 37~기원전 19)
1대 동명 성왕

유리왕 22년, 수도를 졸본에서 국내성으로 옮김.
(기원전 19~기원후 18)
2대 유리왕

나라의 기틀을 다짐.
(18~44)
3대 대무신왕

대무신왕의 동생.
(44~48)
4대 민중왕

15대 미천왕
(300~331)
낙랑군 멸망시킴. 대동강 유역 확보. 한사군 완전히 몰아냄.

14대 봉상왕
(292~300)
흉년에도 화려한 궁실을 지으려는 등 무리한 정책을 펼치다 국상 창조리에 의해 폐위됨.

13대 서천왕
(270~292)
286년, 동생 일우와 소발이 반란을 일으키자 처단.

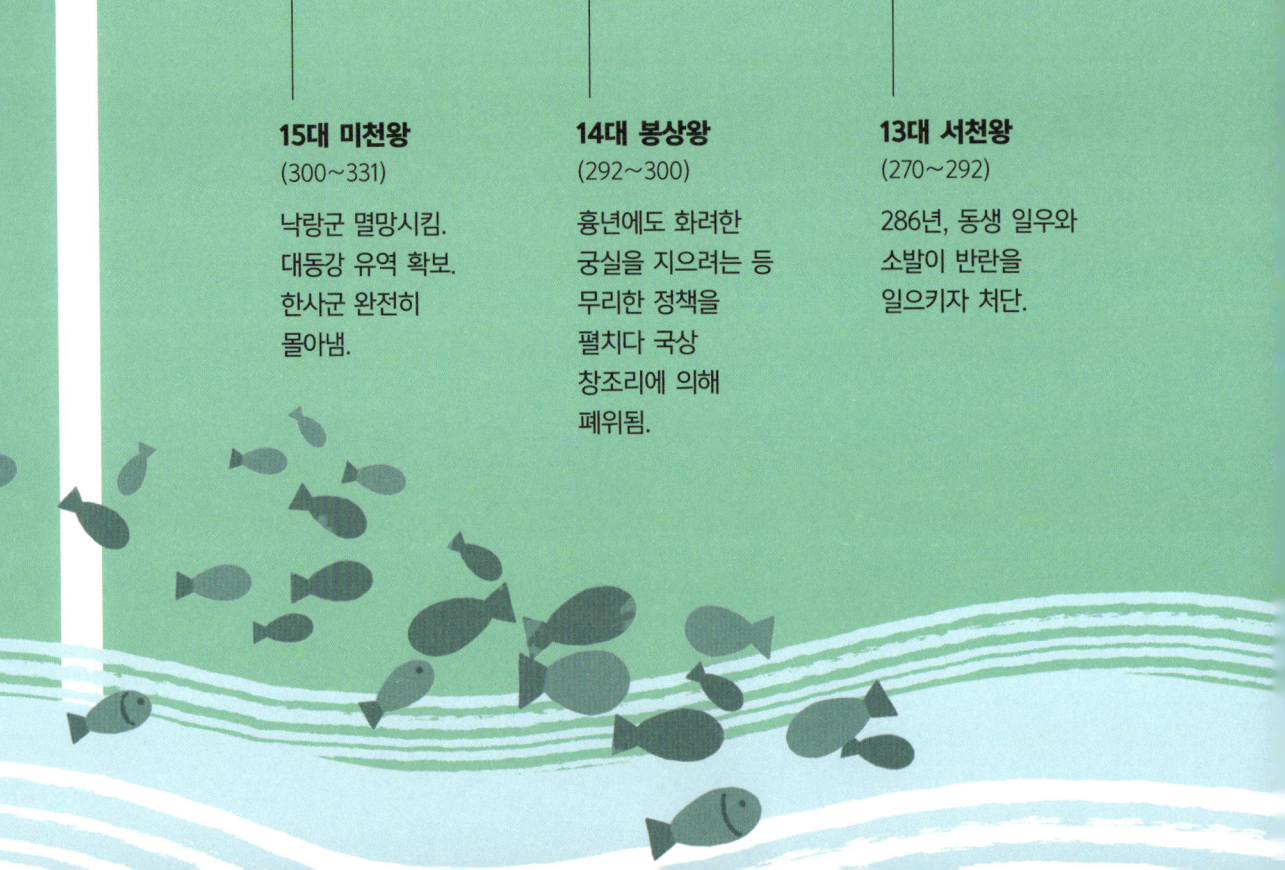

분노 조절을 못 하는
포악한 성격. 정사를
제대로 돌보지 않다가
신하 두로에게 죽임당함.
(48~53)
5대 모본왕

옥저 정복.
중앙 집권 체제
정비해 고대 국가 완성.
(53~146)
6대 태조왕

횡포가 심해
원성을 듣다
명림답부에게
죽임당함.
(146~165)
7대 차대왕

태조왕의
막냇동생.
(165~179)
8대 신대왕

12대 중천왕
(248~270)
동천왕의 맏아들.

11대 동천왕
(227~248)
위나라와의 전쟁에서
위기 극복.

10대 산상왕
(197~227)
도읍을 환도성으로
옮김.

9대 고국천왕
(179~197)
왕위 부자 상속제
확립, 진대법 실시.
5부족 연맹 체제를
행정 구역 5부로
개편해 왕권 강화.

평양성에서
백제군과
싸우다 전사.
(331~371)
16대 고국원왕

율령 반포,
불교 수용,
태학 설립 통해
국가 체제 정비.
(371~384)
17대 소수림왕

소수림왕의 동생.
(384~391)
18대 고국양왕

28대 보장왕
(642~668)
연개소문에 의해
왕위에 오름.
고구려 마지막 왕.
나당 연합군이
쳐들어와 멸망.

27대 영류왕
(618~642)
연개소문에 의해
죽임당함.

26대 영양왕
(590~618)
을지문덕을 시켜
살수에서 수나라군을
물리치게 함.

25대 평원왕
(559~590)
586년, 궁궐을
평양 대성산성에서
장안성으로 옮김.

영토를
만주 지역까지 넓힘.
(391~412)
19대 광개토왕

남진 정책 추진해
남한강 유역까지 진출.
(412~491년)
20대 장수왕

장수왕의 손자.
고구려 남쪽
영토 확장.
(491~519)
21대 문자왕

문자왕의 맏아들.
(519~531)
22대 안장왕

24대 양원왕
(545~559)

신라와 백제에
한강 유역 잃음.

23대 안원왕
(531~545)

왕위 계승을 둘러싼
귀족 세력 간의
싸움에서 죽음.

나라의 기틀은 법! 율령을 반포한 삼국의 율령 왕!

고조선이 멸망한 뒤에 한반도와 만주에 생겨난 여러 나라들!
그중 몇 나라는 주변 나라를 정복하면서 대국으로 성장했으니, 바로 고구려, 백제, 신라! 이 세 나라가 경쟁하던 시대를 삼국 시대라고 하지.
삼국에는 큰 힘을 가진 강한 왕들이 나타나고 중앙 집권 국가로 발전을 해 나갔어. 그런 과정에서 중요한 것이 있었으니, 바로 율령을 정하는 일!
삼국의 율령을 반포한 왕은 어떤 왕일까?

고구려의 율령은 내가 반포했어.
불교도 인정하며 나라의 기틀을 다졌다고!
율령이 뭐냐고? '율'은 죄지은 사람에게
벌을 주는 기준이야.

고구려
소수림왕

'령'은 내가 알려 줄게.
령은 나라를 다스리는 기준으로,
특히 벼슬의 등급을 정하는 법이지.
즉 율령이란 나라의 법!
그러니 율령을 정하는 건 나라의 기틀을
세우는 아주 중요한 일이란 말씀!
백제의 율령은 바로 내가 정하고 널리 알렸어.

백제 고이왕

신라에서 그 위대한 일을 해낸
왕은 바로 나, 법흥왕이야.
불교도 내가 승인했지. 그 뒤로 백성들의 마음을
하나로 모아 나라를 더 강하게 만들게 되었으니,
내가 바로 최고의 성군이란 말씀!

신라 법흥왕

백제

온조왕

백제의 맨 처음 왕이니까 내가 최고!

우리 백제는 삼국 중 가장 먼저 전성기를 맞이한 나라야.
어떻게 먼저 전성기를 맞았냐고?
그게 다 내가 나라를 세울 때 자리를 잘 잡았기 때문이지. 흠! 흠!
내가 어떤 땅에 나라를 세웠는지 알려 줄게.

재위 기간 기원전 18년~기원후 28년   **닉네임** 백제기원

이 땅이 최고의 명당!

내 아버지는 동명 성왕! 어머니는 동명 성왕의 부인인 소서노!

그러니까 난 고구려의 왕자로 반짝반짝 빛나는 금수저 출신이야.

그런데 금수저 출신이라고 다 행복할 거라고 생각한다면, 아니! 아니!

나와 내 형 비류는 왕자임에도 언제 죽을지 모를 위기 속에서 벌벌 떨며 살아야 했거든.

그 이유는 바로 유리!

사실 비류 형과 나, 그리고 어머니 소서노는 동명 성왕이 고구려를 세우는 데 정말 힘을 다해 도왔어. 그럼 뒤를 이어 왕이 될 태자의 자리는 당연히 비류 형이나 나여야 하는 거잖아.

한데 옆의 그림처럼 기막힌 일이 벌어진 거야.

당시 섭섭했던 마음은 말로 다 표현도 못 해.

게다가 유리가 임금이 되면 왕권에 위협이 되는 우리를 죽이려 할 게 뻔하잖아.

결국 비류 형과 난 결심했지.

"고구려를 떠나 새로운 나라를 세우자!"

그길로 우린 무리를 이끌고서 고구려를 떠나 버렸어.

그렇게 달려간 곳이 한강 유역의 위례성!

산에 올라 사방을 둘러본 난 무릎을 탁 쳤지.

이곳이 명당인 이유

넓은 평야와 물이 가까이 있으니 농사짓기에 딱 좋아!

강줄기를 따라 물자를 실어 나르기에 편리하니 딱 좋아!

서해에 맞닿아 있어 바다를 통해 중국의 발전된 문화를 받아들일 수 있으니 딱!

"캬! 여기가 명당이로세. 여기에 나라를 세우면 딱이야."

한데 비류 형은 다른 곳이 좋겠다면서 무리를 데리고 미추홀(인천)로 가 버리더라고.

결국 난 남은 10명의 신하를 거느리고 위례성에 나라를 세웠지.

나라 이름은 십제!

십제의 의미는 여러 설이 있는데, 그중 '10명의 신하가 따른다'는 의미도 있어.(이후 십제에서 '백제'로, 다시 '남부여'로 변경됨.)

나를 따르는 10명의 신하를 사랑하고 존중하는 이 마음!

캬! 이미 이때부터 성군의 자질을 갖춘 거지.

그런데 얼마 뒤에 슬픈 소식을 들었지 뭐야. 비류 형도 미추홀에 나라를 세웠지만, 농사짓기에 적당하지 않은 땅이라 고생만 하다가 죽었다는 거야.

소식을 들은 난 비류 형을 따르던 신하와 백성 들을 따뜻하게 맞아 주었어. 그리고 이때부터 나라 이름도 많은 백성들이 함께하는 나라라는 의미로 '백제'라고 고쳐 부르게 되었지.

그 뒤로 난 나라의 기틀을 만드는 데 온 힘을 기울였어.

백성들에게는 농사짓기와 누에치기를 권장해서 먹거리를 해결하고, 전투를 벌여 땅을 넓혀 나갔지.

말갈의 무리 3천여 명이 위례성을 포위했을 땐, 직접 날랜 군사들을 거느리고 달려 나가 적들을 섬멸!

공격 작전을 펼쳐서 마한의 항복까지 받아 내며 영토를 확장!

어때? 이런 성군이 있었으니 백성들은 정말 행복했겠지? 그치?

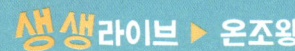

특별 성명 발표!
백성들에게 일을 시키지 마라!

백성들의 복지를 위해 명하노라.
지금 이 시간부터는 전쟁과 같은 다급한 일이 생길 때는
백성들을 불러다가 나랏일을 시키는 걸 금하노라!
절대! 절~대! 금하노라!

👍 38

#온조왕 #특별성명발표 #전쟁기간 #백성나랏일금지 #일시키지마라 #이것이복지다

- 역시! 우리 임금님은 성군이셔요!
- 백성을 위하는 저 따뜻한 마음! 감동의 물결이~~
- (소서노) 역시! 우리 아들의 마음 씀씀이가 최고!
- (동명 성왕) 음! 제법이군. 이토록 백성들을 아낄 줄이야. 성군의 자질이 있단 걸 미처 몰라봤군. 미안.
- (유리왕) 아버님! 저도 성군이거든요! 흠! 흠!

댓글 달기...

근초고왕

경제, 힘, 문화의 전성기! 내가 최고!

우리 백제는 삼국 중 가장 앞서 나가며 4세기 중반에 전성기를 이뤘어.
그때는 바로 내가 나라를 다스리던 시기!
영토도 전성기! 힘도 전성기! 문화와 경제력도 전성기!
그야말로 백제의 최강 전성기였단 말씀!

재위 기간 346년~375년

닉네임 뭐든짱!

최고 업적 백제의 전성기를 이룸.

좌우명 모든 게 조상님 덕! (온조왕이 비옥하고 교통의 요지인 땅에 나라를 세운 덕에 대대로 백제가 잘 살게 되었단 걸 알기에 늘 조상님께 감사! 또 감사함.)

인물 관계도

특기 은근 싸움도 잘함. 고구려와의 전쟁에서 승!

특이 사항 몸집이 크고, 외모가 뛰어남.

고구려! 꼼짝 마!

　우리 백제가 삼국 중에서 가장 먼저 전성기를 맞을 수 있었던 건 모두 조상님 덕분이야.
　온조왕께서 농사짓기에 좋은 비옥한 땅에 나라를 세우신 덕분에 먹거리 걱정 없이 떵떵거리며 잘 살 수 있었거든.
　그렇다고 해서 내가 가만히 앉아 조상의 공만 날름날름 받아먹은 건 아니야. 나도 다른 왕들 못지않게 엄청난 노력을 했거든.
　일단 치열하던 왕위 쟁탈전에서 이기며 강력한 왕권을 마련했어. 그리고 그 힘을 바탕으로 엄청난 업적들을 이뤄 나갔지.
　어떤 업적이냐고? 옆의 그림을 봐.

　나의 위대함은 여기서 끝나지 않아. 전쟁에서도 막강 파워를 자랑했거든.
　사실 고구려는 힘이 아주 강해서 모든 나라에 두려운 대상이었어. 하지만 그런 고구려를 상대로 난 세 번이나 대승을 거두었단 말씀! 흠! 흠!
　첫 번째 전쟁은 369년에 벌어졌어. 고구려의 고국원왕이 2만 명의 군사를 이끌고 공격해 온 거야.
　하지만 난 자신만만! 태자에게 고구려군을 박살내라고 명령했지. 이

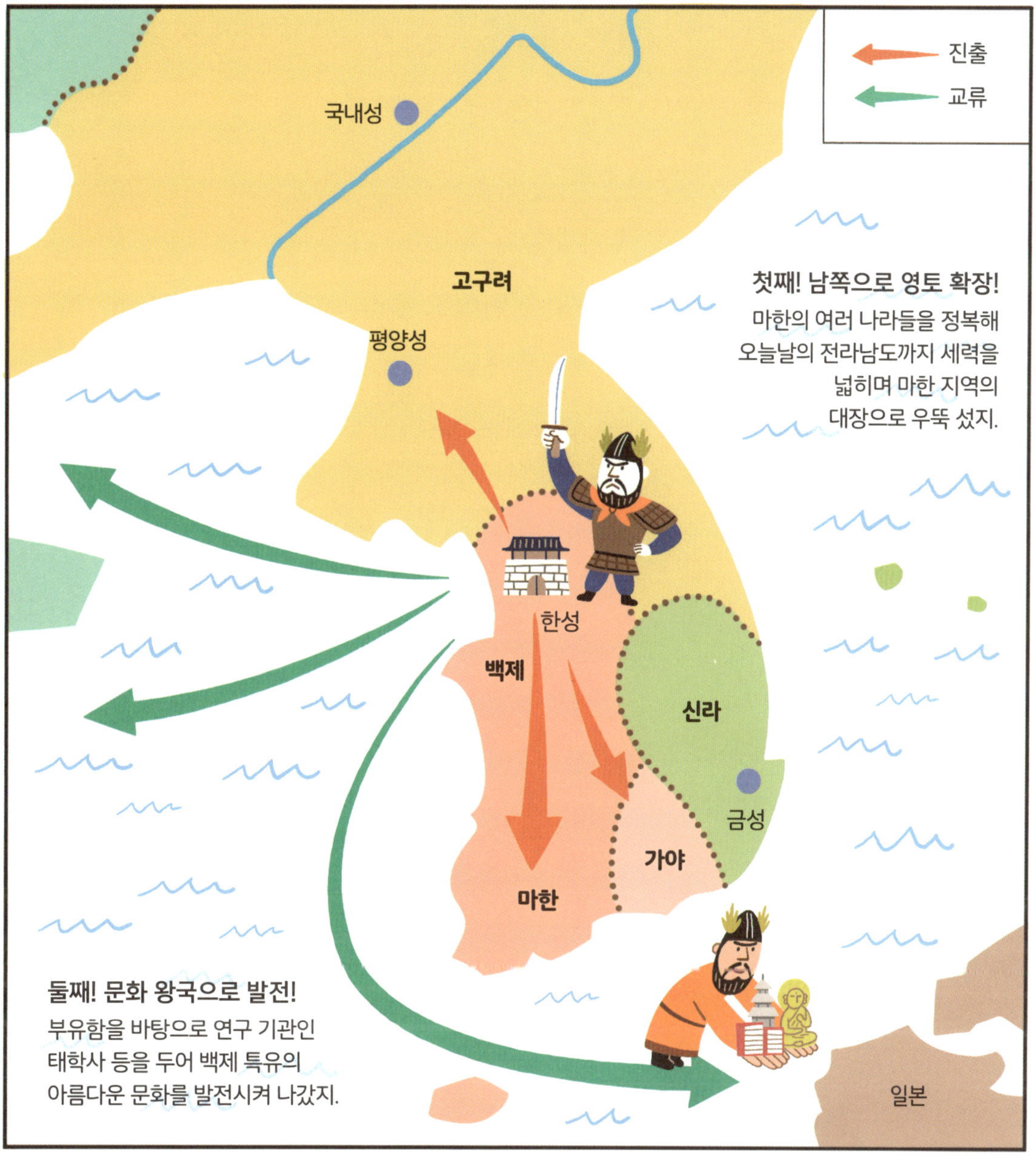

←	진출
←	교류

첫째! 남쪽으로 영토 확장!
마한의 여러 나라들을 정복해 오늘날의 전라남도까지 세력을 넓히며 마한 지역의 대장으로 우뚝 섰지.

둘째! 문화 왕국으로 발전!
부유함을 바탕으로 연구 기관인 태학사 등을 두어 백제 특유의 아름다운 문화를 발전시켜 나갔지.

셋째! 해상 왕국!
백제는 바닷길도 넓히며 해상 왕국을 꿈꿨어. 바닷길을 통해 여러 문물을 받아들여 백제만의 세련되고 우아한 문화를 가꿨는데, 이 문화를 일본에도 전파했지.

에 우리 군은 샛길로 몰래 달려가 고구려군을 기습 공격!

결과는 백제의 승!

두 번째 전쟁은 2년 뒤에 벌어졌어.

고국원왕이 다시 쳐들어온 거야. 이번에도 우리 백제군은 기지를 발휘했지.

강의 상류에 몰래 숨어 있다가 고구려군이 나타나자마자 기습 공격 실시!

이번에도 대승!

세 번째 전쟁은 두 번째 전쟁이 일어난 바로 그해 겨울에 벌어졌어.

그런데 이번에는 앞선 두 번의 전쟁과는 달랐어. 내가 직접 고구려를 공격했거든.

두 번의 전투를 하고 나니까 고구려가 너무 괘씸하더라고.

게다가 두 번이나 승리했으니 우리 군은 자신감 대폭발!

"고구려가 다신 우리 백제를 쳐들어오지 못하도록 매운맛을 보여 주자!"

나는 직접 앞장서 고구려의 평양성으로 공격해 갔지.

"나를 따르라!"

이렇게 벌어진 나, 근초고왕과 고구려 고국원왕의 정면 승부!

결과야 불 보듯 뻔하지 뭐.

비록 평양성을 무너뜨리지는 못했지만, 난 고국원왕의 목숨을 빼앗는 대승을 거두었지.

이로써 고구려와의 세 번의 전투에서 세 번 모두 완승! 하하하!

그러니 누가 뭐래도 최고의 성군은 나야, 나!

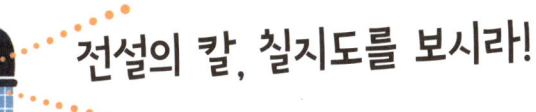

전설의 칼, 칠지도를 보시라!

들어는 봤나? 칠지도! 칼날이 7개라서 칠지도라고 해.
이 칼은 우리 백제가 일본과 활발하게 교류했다는 증거로 인정을 받지.
칼에 적힌 글을 내가 직접 읽어 줄게. 잘 들어 봐.

"무쇠를 백 번이나 두드려 칠지도를 만든다.
이 칼은 재앙을 피할 수 있으므로 후왕에게 준다.
앞선 시대에 아무도 이런 신성한 칼을 가진 적이 없는데, 백제 왕 때 기이하게 이 칼을 얻게 되어 왜왕에게 주니 후세에 길이 보전하라."

👍 408   👎   ↗ 공유   ⬇ 오프라인 저장   ⋯

#근초고왕 #칼날7개라 #칠지도 #왜왕준선물 #백제일본교류증거 #잘보전하시게왜왕

🔵 이 글귀의 내용은 누가 봐도 윗사람이 아랫사람에게 내리는 글!
🔵 그런데 일본이 말도 안 되는 주장을 한다더라고. 역사를 완전 뒤바꿔서는 칠지도를 우리 백제가 자기네 왕에게 바친 거라고 말이야.
🔵 그게 말이야, 똥이야? '백제 왕이 왜왕에게 주는 것이니 잘 보전하라!'라고 적혀 있다던데. 우길 걸 우겨야지!
🔵 (근초고왕) 그러니 내가 분통이 터져서 원! 무덤에서 벌떡 일어날 지경이라니까.
🔵 마마, 참으시옵소서! 진실은 다 밝혀지는 법이옵니다요.

🔵 댓글 달기...   게시

의자왕

억울하기로는 내가 최고!

난 백제의 마지막 왕인 의자왕! 그러다 보니 나를 두고 별별 헛소문이 다 나돌더라고. 나라는 안 돌보고 방탕하게 술자리만 벌였다나 뭐라나. 3천 명이나 되는 궁녀를 거느리며 놀다가 나라가 망하는 줄도 몰랐다나 뭐라나. 이건 모두 헛소문이야! 헛소문! 실제 난 성군으로 불려도 모자람이 없는 훌륭한 왕이었다고!

재위 기간 641년~660년

닉네임 왕억울

최고 업적 집권 초기에 신라를 공격해 영토를 넓힘.

의자왕 뇌 구조

좌우명 억울하면 승리하라!

추측 가능한 병 억울함으로 화병이 의심됨.

특이 사항 낙화암을 아주 싫어함.

특기 바둑. 일본에 바둑판을 선물함.

성격 의롭고 자애로웠음.

헛소문이 떠도는 이유!

내게 이런 헛소문이 떠도는 이유는 뻔해. 660년에 나당(신라와 당나라) 연합군의 공격으로 우리 백제가 멸망했잖아. 그럼 신라 입장에선 우리 백제가 어떤 나라였다고 말하고 싶겠어?

"백제는 무능한 왕이 다스리던 형편없는 나라야. 그래서 우리 신라가 확 엎어 버린 거지. 그러니까 우리 신라는 정말 정의로운 나라라고!"

즉 자신들이 한 일을 정당하게 만들기 위해 헛소문을 막 퍼트린 거지. 그 때문에 난 왕으로서의 평가를 제대로 받아 볼 기회조차 잃어버렸고 말이야. 그러니 내가 억울해? 안 억울해?

자, 그럼 지금부터 내가 어떤 왕이었는지 진실을 들려줄게.

내 이름은 의자왕! 여기서 '의자'란 '앉는 의자'가 아니야. '의롭고 자애로운 임금'이란 뜻이지.

이게 바로 나에 대한 우리 백제 사람들의 진정한 평가란 말씀!

오죽하면 '동쪽의 효성스럽고 총명한 사람'이란 의미로 '해동증자'라고도 불렸을까. 난 이름처럼 백성들을 잘 보듬으며 강한 나라를 만들려고 노력했다고.

어때? 이 정도 증거면 내가 나라를 잘 다스렸단 걸 믿을 수 있겠지?

사실 후반기에는 내가 좀 사치스런 생활을 하기도 했어.

너무 잘 나가다 보니 자만했단 건 인정! 그래도 타락한 왕으로 모함하는 건 너무 억울하잖아.

그런데 왜 백제가 망했냐고?

당시 당나라는 우리 백제가 고구려, 일본과 힘을 모으며 강해지는 게 불안했지. 그때 마침 신라가 도움을 청해 오자 '이때다!' 싶어서는 13만 대군을 백제에 보내 버린 거야.

아무리 강한 나라라도 당과 신라가 연합군을 만들어 공격하는데 어떻게 당하겠어.

나는 백제 최고의 장수인 계백 장군을 보내 신라의 공격을 막으려 했지만, 결국 황산벌에서의 치열한 전투 끝에 패배!

나는 사비성에서 웅진성으로 피난까지 가며 버텨 봤지만 끝내는 항복을 해야 했지. 흑흑!

우리 백제는 마지막 순간까지 최선을 다해 싸웠단 말씀!

그러니 내게 씌워진 억울한 헛소문들은 제발 벗겨 줘.

낙화암의 진실을 밝혀 줄게!

백제가 멸망하자, 3천 명의 궁녀가 낙화암에서 떨어져 죽었단 소문이 자자하더라고. 그 때문에 내가 3천 궁녀를 거느린 방탕한 왕이었다고들 하는데 말이야, 난 궁녀를 거느리긴 했어도 3천 명이나 되는 궁녀를 거느리진 않았어.
게다가 그때 궁녀들이 그렇게 줄줄이 떨어져 죽는 걸 봤단 사람도 없어.
그러니 헛된 소문에 현혹되지 말길!

구독 👍 3000 👎 ↗ 공유 ⤓ 오프라인 저장 ⋯

#의자왕 #3천궁녀 #낙화암의진실 #가짜뉴스 #나는억울하다

- 의자왕의 진심을 믿어요!
- 원래 역사는 승자의 입장에서 쓰이는 법. 신라에 의해 기록된 역사였으니 과장되고 왜곡됐을 수 있어.
- 정말 그런 거라면 의자왕은 진짜 억울하겠어요. 흑흑!
- 맞아! 나라가 망한 것도 억울한데 헛소문까지! 의자왕 님, 토닥!토닥!

댓글 달기... 게시

한눈에 쏙! 백제 왕 계보

백제 세움.
(기원전 18~기원후 28)
1대 온조왕

흉년이 들자 백성들이 사사로이 술 빚는 것 금지함.
(28~77)
2대 다루왕

재난과 흉년으로 어려운 시기.
(77~128)
3대 기루왕

개루왕 5년에 북한산성 쌓음.
(128~166)
4대 개루왕

15대 침류왕
(384~385)
불교 공인해 백성의 사상을 통합, 왕권 강화.

14대 근구수왕
(375~384)
근초고왕의 맏아들.

13대 근초고왕
(346~375)
마한을 정복하고 고구려를 정벌하며 가장 넓은 영토 차지. 일본에 칠지도 보냄. 역사책 『서기』 만듦.

12대 계왕
(344~346)
고이왕계의 마지막 백제 왕.

개루왕의 맏아들.
(166~214)
5대 초고왕

초고왕의 맏아들.
(214~234)
6대 구수왕

나이가 어려 정치를 할 수 없어 폐위됨.
(234~234)
7대 사반왕

율령 반포, 관리 등급 마련(6좌평) 등 중앙 집권 체제를 정비해 고대 국가 기틀 마련. 남쪽 평야 지대 개간해 농업 생산량 늘림.
(234~286)
8대 고이왕

11대 비류왕
(304~344)
김제 벽골제 지음.

10대 분서왕
(298~304)
낙랑의 태수가 보낸 자객에게 살해됨.

9대 책계왕
(286~298)
고이왕의 맏아들.

광개토왕이 이끄는
고구려군에 패해
많은 영토를 잃음.
(385~392)
16대 진사왕

396년, 광개토왕이
이끄는 고구려군에
패함.
(392~405)
17대 아신왕

왕권 강화 위해
백제의 최고 관직인
상좌평 설치.
(405~420)
18대 전지왕

즉위한 이듬해에 죽음.
(598~599)
28대 혜왕

31대 의자왕
(641~660)

해동증자로 불림.
신라의 40여 개 성 빼앗음.
나당 연합군 침공으로
백제 멸망.

30대 무왕
(600~641)

전제 왕권 강화되고
대외적인 발전 이룸.
미륵사 지음.

29대 법왕
(599~600)

즉위한 이듬해에
죽음.

고구려 견제 위해
송나라와 외교
관계 맺음.
(420~427)
19대 구이신왕

고구려 견제 위해
신라, 송나라, 왜 등과
우호 관계 형성.
(427~455)
20대 비유왕

고구려 장수왕
침공으로 한성 빼앗기고
탈출하다 참수됨.
(455~475)
21대 개로왕

도읍을 웅진으로 옮김.
(475~477)
22대 문주왕

(477~479) **23대 삼근왕**
13세의 어린 나이에
즉위, 15세에 죽음.

27대 위덕왕
(554~598)
성왕의 맏아들.

26대 성왕
(523~554)
도읍을 사비로
옮기고 백제
부흥 이끎.
나라 이름
'남부여'로 고침.
신라와의 관산성
전투에서 전사.

25대 무령왕
(501~523)
고구려에 맞서며
백제를 안정시키기
위해 애씀.
일본에 오경박사
보내 문화 전파.

24대 동성왕
(479~501)
왕의 권위 강하게 세움.
신라 왕실과 혼인 관계
맺어 고구려 남진
정책에 대항.

신라

박혁거세

신라를 건국한 왕이니까 내가 최고!

신라는 훗날 삼국을 통일한 위대한 나라지.
그 신라를 맨 처음 건국한 이가 바로 나, 박혁거세란 말씀!
우리 신라로 말할 것 같으면 풍요로운 경주평야를 도읍지
(서라벌, 지금의 경주)로, 약 천 년 동안이나 이어진 위대한 나라지.
신라에 대해 궁금한 게 많다고? 그럼 더 자세히 알려 줄게.

재위 기간 기원전 57년~기원후 3년

닉네임 서라벌짱!

최고 업적 신라 건국.

좌우명 신라가 무조건 짱이다!

출생의 비밀 알에서 태어남.

특별한 능력 짐승과 해와 달까지 자기편으로 만드는 특별한 능력을 가짐.(탄생 설화에 근거함.)

인물 관계도

박혁거세 — 아내인 알영

6명의 부족장

위대한 나라 신라를 세운 위대한 왕

우리 신라는 진한의 작은 나라들 가운데 하나인 사로국에서 출발했어. 하지만 그 뒤로 점점 세력을 키워 삼국 통일까지 이루는 위대한 나라가 되었지.

삼국을 통일하게 된 걸 보면 신라만의 특별한 제도가 있었던 거 아니냐고?

특별한 점이라면 두 가지 정도 들 수 있어. 우리 신라의 왕은 모두 56명인데 박씨, 석씨, 김씨가 교대로 왕의 자리에 올랐거든.

그리고 화백 회의라는 독특한 제도가 있었어.

화백 회의란 나라의 중요한 일을 정할 때 귀족들이 모여서 하는 회의야. 그런데 왕권이 강해지면서 화백 회의는 사라지고 말았지.

그럼 삼국 통일의 원동력과 원인이 뭐냐고?

몰라! 몰라! 그건 다음 왕들 이야기를 들어 보면서 스스로 생각해 봐.

그렇지만 이건 확실해. 위대한 신라의 출발은 바로 나, 박혁거세란 사실!

본래 신라의 옛 땅에는 여섯 집단이 각각 마을을 이루어 살고 있었어.

여섯 마을에는 그곳을 다스리는 어른이 한 명씩 있었는데, 그들은 자주 모여 마을 일을 의논했지. 당시 이들에게는 다급히 해결해야 할 문제가 있었으니, 그건 바로 이것!

"하루 빨리 우리 여섯 마을을 다스릴 왕을 모셔야 하는데……."

그런데 하늘이 이들의 간절한 바람을 듣기라도 한 걸까? 신기한 일이 벌어졌지 뭐야.

아이를 동천샘에 목욕시키자 온몸에서 빛이 반짝반짝! 새와 짐승이 춤추고, 하늘과 땅이 흔들흔들! 달까지 맑아지네.

그래서 여섯 어른은 아이의 이름을 혁거세라 지었지. '세상을 밝게 비춘다'는 뜻이야. 그리고 '박처럼 둥근 알에서 나왔다'고 해서 성은 박!

그래! 그래! 바로 박혁거세! 나야! 나! 그야말로 하늘이 보낸 왕이었던 거지.

나는 열세 살에 왕이 되었는데, 나라를 아주 잘 다스려 나갔지.

내가 죽자, 사람들은 내 몸을 모아 장사를 지내려고 했어. 하지만 큰 뱀이 나타나 방해를 하는 바람에 따로따로 장사를 지내야 했어. 그 때문에 내 무덤은 5개! 그래서 이름도 오릉! 또 '뱀 사(蛇)' 자를 써서 사릉이라고도 하지.

어때? 신비한 탄생 신화에 걸맞게 죽음도 아주 특별하지?

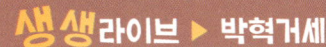 생생 라이브 ▶ 박혁거세

박혁거세 부인, 알영의 탄생도 특이했다고!

나, 박혁거세가 알에서 태어나던 날, 또 한 명의 신비한 탄생이 있었지. 경주의 한 우물에서 계룡이 나타나 왼쪽 겨드랑이에서 여자아이를 낳았던 거야. 그 아이는 바로 알영! 훗날 나, 박혁거세의 부인이 되었지!

구독 👍 53 👎 ↗ 공유 ↓ 오프라인 저장 ⋯

#박혁거세 #박혁거세부인 #알영 #계룡겨드랑이 #천생연분 #알영탄생신비 #만만치않다

- 오호! 두 분은 천생연분! 너무 잘 어울려요.
- 알영이란 이름도 태어난 우물 이름을 딴 거라면서요?
- 그 소문 들었어? 알영 님이 태어났을 때 입술이 닭 부리 같았대. 그런데 북천에서 목욕을 시키니까 부리가 떨어져서 지금처럼 예쁜 얼굴이 됐다잖아.
- 헐! 북천? 거기가 어디야? 나도 거기서 세수하면 예뻐지려나?

댓글 달기... 게시

진흥왕

의리보다 실리를 택한 내가 최고!

성군이 뭐야?
백성을 배불리 잘 살게 하고 부강한 나라를 만드는 왕이잖아.
그렇다면 최고의 성군은 당연히 바로 나, 진흥왕이지.
난 나라와 백성을 위해 의리보다 실리를 택했거든.

재위 기간 540년~576년

닉네임 정복왕

최고 업적 신라의 전성기를 만듦.

좌우명 신라 백성의 이익을 위해서라면 뭐든 한다!

특징 실리를 따질 줄 아는 뛰어난 머리와 예리한 눈매.

성격 나라와 백성을 위해서라면 배신도 서슴지 않는 실리적인 성격!

진흥왕 뇌 구조
- 배신하자!
- 배신할까 말까 갈등
- 한강 차지
- 화랑도

배신도 서슴지 않은 이유는 바로, 한강!

사실 우리 신라는 초반부에는 고구려와 백제보다 힘이 약했어. 위치상 앞선 문화를 가진 중국과 교류하기가 힘들었고, 제도를 정립하는 데도 더뎠기 때문이지.

그래도 선대왕들께서 죽을힘을 다해 우리 신라의 힘을 착실하게 길러 나갔어.

지증왕
난 나라 이름을 '신라'로 정하고,
마립간으로 부르던 왕의 호칭을 '왕'으로 바꿨어.
이로써 신라가 큰 나라로 성장할 수 있는
기틀을 확립했지!

법흥왕
앞서 말했듯이 난 율령을 반포하고,
불교를 받아들였어. 그 때문에 신라가
왕을 중심으로 빨리 성장할 수 있었지!

선대왕들의 이 같은 노력으로 우리 신라는 기틀을 튼튼하게 확립하는 데 성공했어.

나는 본능적으로 느꼈지.

'이제 내가 나설 차례야!'

나는 청소년들을 교육하는 인재 양성 제도인 화랑도부터 정비했어.

그리고 화랑도를 통해 길러 낸 화랑들을 앞세워 영토를 넓히는 작업에 돌입했지.

우선 신라 서쪽에 있는 가야부터 공격! 북쪽으로도 강원도까지 영역을 넓혀 나갔어.

그래도 내가 가장 힘을 기울인 작업은 따로 있어.

바로 한강을 확보하는 것!

예로부터 한강은 농사와 교통의 중심지!

그래서 한강을 차지했던 백제와 고구려가 차례로 강대국이 되었단 말씀!

그러니 신라가 성장하려면 한강 확보는 필수였지.

이에 동맹국이던 백제와 함께 고구려를 몰아내고 한강을 차지해 버렸어.

그런데 백제와 함께했으니 한강도 반반 나눠 가져야 하잖아.

성에 안 차더라고.

'우리 신라가 더 강해지려면 한강 하류까지 차지해야 해. 그래야 중국과 직접 교류할 수 있어.'

고민 끝에 난 결단을 내렸지.

"의리보단 실리!"

그래서 백제와의 동맹을 깨고 한강 하류 지역까지 빼앗아 버렸어.

뭐? 의리 없는 비열한 짓이라고?

물론 의리가 중요하지 않은 건 아냐.

하지만 백성이 먼저야, 의리가 먼저야?

당연히 백성이지! 임금에게 가장 중요한 건 나라의 백성이 잘 먹고 잘 사는 거잖아.

한강을 차지한 뒤, 우리 신라는 드디어 중국과 직접 교류를 하게 되었고, 앞선 문물을 왕창 받아들일 수 있었다고.

그리고 한강이 가져오는 경제적인 부유함을 통해서 큰 나라로 성장해 나갔지.

백제와 고구려보다는 조금 뒤늦긴 했지만 비로소 전성기를 맞이한 거야.

만약 그때 내가 백제와의 의리를 지키느라 한강 하류를 포기했다면 어떻게 됐을까?

그건 불 보듯 뻔해.

우리 신라는 절대 삼국 통일을 이룰 수 없었을 거야.

그러니 내가 성군이 아니면 누가 최고의 성군이겠어! 허허허!

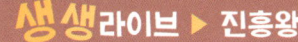

생생라이브 ▶ 진흥왕

진흥왕 순수비를 보시라!

내 업적 중 가장 대단한 건 영토 확장!
난 이런 정복 사업을 기념하며 전국을 돌아다녔어.
그리고 창녕, 북한산, 황초령, 마운령의 네 곳에
순수비를 세웠지.
그 이름도 찬란한 진흥왕 순수비!

구독   👍 568   👎   ↗ 공유   ⬇ 오프라인 저장   ···

#진흥왕 #진흥왕순수비 #정복사업기념 #창녕 #북한산 #황초령 #마운령 #난내가자랑스럽다

- 히야! 멋져요!
- 순수비까지 세웠다고? 진흥왕 님도 은근 자랑이 심하셔!
- 얼마나 기쁘셨으며 그랬겠어? 난 충분히 이해해.
- 그래서 진흥왕을 정복왕이라고 하는구나.

댓글 달기...   게시

선덕 여왕

지혜롭기로는 내가 최고!

왕은 남자만 하는 거냐고?
천만의 말씀!
내가 바로 한반도 최초의 여왕인 선덕 여왕이잖아.
그런데 최초의 여왕이다 보니 어려움이 많더라고.
억울하고 속상한 일도 많고. 그 이야기 좀 들어 볼 테야?

재위 기간 632년~647년

본래 이름 덕만

닉네임 퀸선덕

인물 관계도

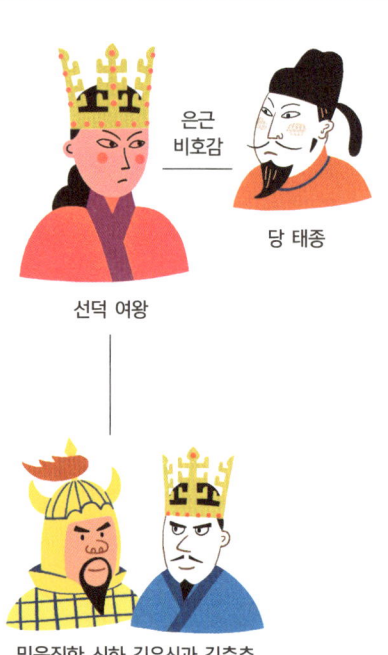

은근 비호감 — 당 태종
선덕 여왕
믿음직한 신하 김유신과 김춘추

최고 업적 분황사, 황룡사 9층 목탑을 짓게 함.

좌우명 여자라고 못 할 건 아무것도 없다.

가장 싫어하는 말 여자니까. 여자가 그렇지 뭐.

성격 지혜롭고 신중함.

여자라고 얕보지 마!

내가 살던 시대는 아들에게만 왕의 자리를 물려주던 시대야.

그런데 어떻게 딸인 내가 왕이 됐냐고?

그건 우리 신라만의 특별한 신분 제도 때문이었어.

당시 삼국은 신분의 높고 낮음을 둔 신분제 사회였는데, 우리 신라에는 높은 신분에서도 차별이 있었어.

그 대표적인 것이 골품제인데, '골'과 '품'이라는 등급으로 신라의 지배층인 귀족을 나눈 신분 제도야.

왕족은 성골(부모가 모두 왕족)과 진골(부모 중 한쪽만 왕족)로 나누고, 귀족은 6두품, 5두품, 4두품의 등급이 있었지.

신라에서는 성골만 왕이 될 수 있었는데, 당시에 성골 출신의 남자가 한 명도 없었지 뭐야. 그래서 성골 출신의 여자인 내가 왕이 될 수 있었지.

당시 난 굳게 결심을 했어.

'여자도 남자와 다르지 않다는 걸 보여 주마!'

그래서 밤낮을 가리지 않고 열심히 나랏일을 했어.

"백성들의 굶주림을 막기 위해 구휼 사업에 힘을 기울여라!"

"당나라의 문물 중 좋은 것들을 받아들여 문화 발전에 힘을 쏟아라!"

최고의 문화 유적들인 분황사, 첨성대, 황룡사 9층 목탑이 언제 만들어졌는지 알아?

바로 내가 불교의 발전을 위해 세운 거라고.

그런데 이런 노력에도 속상한 일이 너무 많지 뭐야.

당시에는 고구려와 백제가 끊임없이 침략을 해 오고 있었어.

그래서 난 신라의 명장인 김유신 장군을 압량주(지금의 경상북도 경산) 군주로 임명해서 백제의 공격을 방어하게 했어.

또 고구려와 일본에 이어 당나라에 여러 번 도움을 요청했지.

그런데 내 요청을 당나라가 거절하더라고.

한데 그 이유가 기막히지 뭐야.

당나라 태종이 그러더라고.

"그게 다 왕이 여자이기 때문에 권위가 서지 않아 이웃 나라의 공격을 받는 것이오. 당나라의 왕족을 보내 줄 테니 신라의 왕으로 삼는 것은 어떻소?"

헉! 기가 막히고 코가 막히더라고.

"감히 날 무시하다니!"

그런데 날 무시하는 건 당나라 황제만이 아니었어.

비담과 염종 등 진골 귀족들이 내 정치를 문제 삼아 반란을 일으킨 거야.

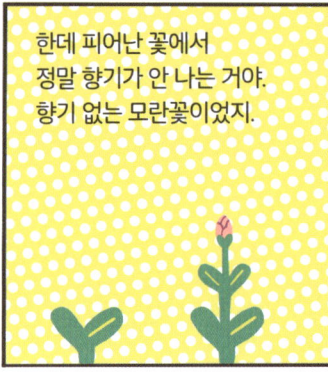

아! 그때를 생각하면 지금도 화가 나서 몸이 부들부들 떨리네.

여자인 게 대체 왜 문제냐고! 여자라고 못 할 게 대체 뭐야?

조금만 생각해 보면 알 거야. 여자라서 더 좋은 점도 많단 걸.

감정적인 공감 능력이 뛰어나서 백성들의 아픔을 더 잘 이해할 수 있기도 하지.

또한 섬세하기 때문에 민생을 더 꼼꼼히 살필 수 있잖아.

실제로도 난 지혜롭기로 소문난 여왕이었다고.

나의 지혜는 모란꽃 그림 사건만 봐도 알 수 있지. 옆쪽에 있는 그림을 봐 봐.

어때? 엄청난 추리력이지?

하지만 그 그림을 통해 난 마음이 상하고 말았어.

'향기 없는 꽃이라니! 결혼하지 않고 혼자 사는 나를 빗대어 모욕을 주는 거구나.'

당시 난 결혼하지 않고 있었거든.

당장 달려가 당 태종에게 따지고 싶더라니까.

이렇듯 나라 밖에서도 나라 안에서도 여자라는 이유만으로 얕보는 이들이 많았어.

그러니 내가 얼마나 속상했겠어.

부글부글!

속을 너무 끓여서 그런지 말년에는 병까지 덜컥 생기더라니까.

아……. 최초의 여왕!

그 자리는 영광스럽긴 해도 고통과 아픔이 너무 많은 자리였단 말씀!

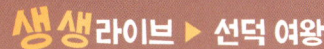

신라의 3대 여왕!

우리 역사상 여왕이 존재했던 나라는 오직 신라뿐!
신라 역사에 기록된 세 명의 여왕이 있었으니!
그것은 바로 나, 선덕 여왕! 그리고 진덕 여왕! 진성 여왕!

구독 👍 632 공유 오프라인 저장

#신라3대여왕 #선덕여왕 #진덕여왕 #진성여왕 #여왕삼총사 #여왕님들멋져요!

- 와! 삼총사 여왕님들! 멋져요!
- 고구려, 백제뿐 아니라 이후에도 여왕은 찾아볼 수 없다니…….
- 헐! 포스들이 모두 장난 아니시네요.
- 그래도 1대 여왕이신 선덕 여왕님의 포스가 제일 남다른듯.

댓글 달기... 게시

태종 무열왕

삼국 통일의 기틀을 마련한 내가 최고!

우리 신라가 삼국을 통일하는 데 가장 큰 공을 세운 왕이 누굴까?
험! 바로 나, 태종 무열왕이라고!
삼국 중에서 가장 약세라고 볼 수 있는 우리 신라였지만,
나당 연합군을 만들어서 힘을 키울 수 있게 한 사람이 바로 나거든.
지금부터 그 이야기를 들려줄게.

재위 기간 654년~661년

본래 이름 김춘추

최고 업적 삼국 통일의 기반을 닦음.

닉네임 진골짱

인물 관계도
- 당나라 태종과 비밀 결속
- 고구려
- 백제
- 태종 무열왕
- 신하이자 형님 명장 김유신

좌우명 무조건 삼국 통일!

특이 사항 최초의 진골 출신 신라 왕.

절친 명장 김유신의 동생 문희와 혼인까지 함.

장점 목표를 위해서라면 의욕을 꺾지 않음.

특기 외교 능력이 뛰어남.

나당 연합군만이 살길이다!

우리 신라에서는 성골 출신만이 왕이 될 수 있었단 건 선덕 여왕께 들었지?

그런데 난 진골 출신이야. 사실 원래는 성골이었는데, 할아버지 진지왕이 왕위에서 쫓겨나면서 진골로 강등되었거든. 그런데 왜 나를 왕으로 추대한 거냐고?

선덕 여왕과 진덕 여왕에겐 자식이 없었어. 그 때문에 신라에는 왕위에 오를 성골이 없었던 거야.

그렇다고 왕의 자리를 비워 둘 순 없잖아. 그래서 화백 회의를 열어 진골 출신 중에서 왕을 추대하기로 했고, 거기서 내가 딱 뽑힌 거지.

왜 나였냐고?

사실 나보다 연배도 높고 신임을 얻은 자는 알천이었어. 그런데 알천은 왕위를 내게 양보하더라고.

"저는 늙고 이렇다 할 덕행이 없습니다. 지금 덕망이 높기로는 춘추공만 한 이가 없으니, 춘추공이 왕이 되어야 합니다."

캬! 내가 왕이 될 만한 능력을 갖췄단 걸 척 알아본 거지. 하하하!

게다가 왕이 되기 전부터 이미 난 나라를 위해 큰 공을 세웠다고. 그 이야기를 들려줄게.

당시 우리 신라는 위기였어.

예전에 진흥왕이 나제(신라와 백제) 동맹을 깨고서 한강을 차지했잖아.(모르는 사람은 진흥왕 편을 읽어 봐.)

그 뒤로 백제가 신라를 자주 공격해 왔거든. 특히 백제의 의자왕은 신라의 성을 40여 개나 빼앗기도 했지.

다른 나라의 도움을 받아서라도 백제를 막아야 할 위기 상황!

나는 고구려로 달려가서 고구려 왕(보장왕)에게 도움을 청했지. 그러자 고구려 왕이 어처구니없는 조건을 내거는 거야.

"그럼 진흥왕 때 너희가 빼앗아 간 우리 땅을 되돌려 줘!"

"그건 아니 될 말이오!"

그러자 고구려 왕은 날 가둬 버렸어. 이대로 있다가는 꼼짝없이 죽을 신세!

나는 지푸라기라도 잡는 심정으로 고구려 신하인 선도해에게 뇌물을 건네주었어.

"뭔가 살 방법이 없겠소?"

한데 선도해가 난데없이 '토끼와 거북' 이야기를 하지 뭐야.

"거북이 꾀에 넘어가서 용궁으로 간 토끼 이야기 알죠? 용왕이 병이 나서 토끼의 간을 약으로 쓰려고 그런 거잖아요. 그때 죽을 위기에 놓인 토끼가 어떻게 했습니까? 육지에 간을 놓고 왔으니 가서 가져오겠다고 거짓말을 했잖아요?"

순간 난 딱 알아챘어.

"아하! 거짓말?"

그래서 고구려 왕에게 약속을 했지.

"좋습니다. 신라에 가면 땅을 되돌려 드리라고 하겠습니다."

물론 그 약속은 지켜지지 않았지. 토끼의 말처럼 거짓말이었으니까.

그렇게 목숨을 구한 난 이번에는 당나라로 갔어. 그리고 당나라에 도움을 요청했지.

그런데 이게 또 만만치가 않았어.

하지만 내가 누구야? 유능한 외교관 김춘추거든.

나는 온갖 수완과 지략을 발휘해서 당 태종에게 약속을 받아 냈어.

"좋소! 필요할 때 힘을 모아 연합군을 결성하기로 약속!"

이 약속의 힘은 내가 왕위에 오른 뒤 바로 나타났지.

나는 당나라에 백제를 공격하자고 제안했고, 660년에 당나라와 연합군을 결성!

김유신이 이끈 신라군과 소정방이 이끄는 당나라군은 백제를 공격했어.

그리고 황산벌에서 백제의 장군 계백의 결사적인 저항을 물리치며 백제의 수도 사비성을 함락시켰지.

이로써 백제 정복 성공!

사실 백제의 멸망은 우리 신라에게 의미가 커. 이제 고구려만 멸망시키면 삼국을 통일하게 되는 거잖아.

 삼국 통일을 위한 첫걸음을 내딛게 된 셈인 거지.

 이렇게 내가 온 힘을 들여 발판을 마련했으니, 삼국 통일은 다음 왕이 꼭 해낼 거야.

 그렇지, 아들아?

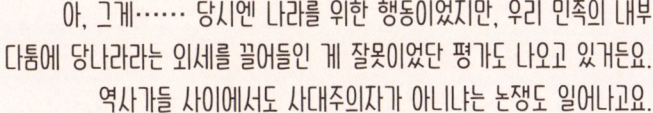 생생 라이브 ▶ 태종 무열왕

특별 대담! 김춘추의 나당 연합군 제안은 옳았는가?

 뭐야? 나당 연합군을 이룬 게 잘못이었다는 거야? 특별 대담이라고 해서 생생라이브를 시작했더니, 주제가 왜 이래?

 아, 그게…… 당시엔 나라를 위한 행동이었지만, 우리 민족의 내부 다툼에 당나라라는 외세를 끌어들인 게 잘못이었단 평가도 나오고 있거든요. 역사가들 사이에서도 사대주의자가 아니냐는 논쟁도 일어나고요.

 뭐? 내가 사대주의? 그럼 내가 큰 나라에 아부나 하는 인간이란 거잖아. 인정 못 해, 난! 절대로!

 당시 당 태종과 군사 동맹을 맺는 과정에서 '왜소한 신라를 도와달라'고 아부성 말씀도 하셨다는 소문이…….

 그럴 수밖에 없지. 그 당시엔 우리 신라가 죽느냐 사느냐 하는 위기였잖아. 고구려와 백제가 동맹을 맺고 끊임없이 우릴 넘봤다고. 그리고 만약 당과 연합하지 않았으면 삼국 통일은 불가능했을지 몰라. 그런 면에서 보면, 당시 난 우리 신라가 처한 현실과 동아시아 정세 변화를 냉철하게 꿰뚫고 있는 냉철하고 탁월한 외교관이었다고. 안 그래?

 아, 그런 평가도 물론 있습니다. 그런데 당 태종에게 '백제와 고구려를 멸망시킨 다음, 대동강 이북 땅을 넘겨주겠다'는 비밀 약속을 했단 소문도 있던데요? 그래서 신라의 삼국 통일을 불완전한 삼국 통일이라고 비판한답니다.

 물론 그 점에선 나도 아쉬움이 많아. 당나라 힘을 빌리지 않고 삼국 통일을 이뤘다면 고구려 땅까지 모두 가질 수 있었을 테니까. 하지만 그 당시엔 그만큼 위급하고 다급한 상황이었단 걸 이해해 줘. 알았지?

문무왕

삼국 통일을 이룬 내가 최고!

아버지 태종 무열왕의 소원은 삼국 통일. 난 숙명적으로 그 과업을 이어받아야 했지. 그러니 나의 일생은 어땠겠어? 임금의 자리에 오른 뒤 21년 동안 늘 전쟁을 치러야 했어. 적군도 다양해서 백제 부흥군에 고구려군, 그리고 당나라군까지. 내 평생의 과업이자 숙명이었던 삼국 통일의 과정을 들어 봐.

재위 기간 661년~681년

본래 이름 법민

최고 업적 삼국 통일.

닉네임 무조건통일

좌우명 꿈에도 삼국 통일! 자나 깨나 삼국 통일!

가족 관계 아버지는 태종 무열왕, 어머니는 김유신 누이동생 문명 왕후.

성격 강한 집념과 지구력.

특이 사항 무덤은 동해 바다에 있는 수중릉인 '대왕암'

문무왕 뇌 구조

대왕암

자나 깨나 통일! 앉으나 서나 통일!

아버지인 태종 무열왕께서 백제를 정벌하고 661년에 돌아가셨어.

고구려마저 정복해서 삼국 통일을 이뤄 내라는 막중한 과업을 남기고서 말이야.

고구려를 정벌해 버리면 되지 않냐고?

말이 쉽지! 동아시아 최고의 장군으로 불리는 연개소문이 있는 고구려잖아. 고구려는 당나라조차 벌벌 떠는 나라란 말이야.

'어찌하면 고구려를 무너뜨릴 수 있을꼬?'

그 고민에 잠이 안 올 지경이더라고. 그런데 이게 웬 횡재람!

고구려를 굳게 지키고 있던 연개소문이 죽은 거야. 연개소문은 죽기 전에 세 아들에게 이런 유언을 했대.

"절대로 싸우지 말고 서로 도와야 한다."

큰 권력을 가진 세 아들의 미래가 바로 고구려의 미래니까, 죽으면서도 나라의 미래를 걱정한 거지. 캬! 적장이지만 본받아야 할 정신이라고 난 생각해. 아무렴!

하지만 연개소문의 유언은 지켜지지 않았지. 세 아들이 아웅다웅 권력 다툼을 벌이면서 나라가 기울기 시작했거든.

동생들의 공격을 받은 큰형 연남생은 아예 당나라로 도망까지 가 버렸지 뭐야. 그러자 당나라는 얼씨구나!

"기회로구나!"

결국 668년, 나당 연합군에 의해 고구려는 맥없이 쓰러지고 말았어.

사실 나도 어처구니가 없더라고. 동아시아를 호령하던 막강 고구려가 권력 다툼으로 저리 쉽게 무너질 줄이야!

그 덕분에 고구려와의 전투에서 예상보다 쉽게 이길 수 있었지만 말이야.

그런데 전쟁은 여기서 끝이 아니었어. 미처 예상 못 한 일이 벌어진 거야.

그 결과 676년, 당나라 군대를 완전히 몰아내며 드디어 삼국 통일 완성!

물론 고구려 땅을 당나라에 빼앗긴 건 나도 너무 속상해. 우리 신라가 더 강해서 혼자 힘으로 통일을 이뤘다면 얼마나 좋았을까?

하지만 후회만 하고 있을 순 없잖아. 엎질러진 물이니 주워 담을 수도 없고 말이야.

이젠 통일된 나라를 하나로 뭉쳐서 부강하게 만드는 게 중요하지.

그래서 이번엔 '신라 부강하게 만들기'에 총력전을 펼치기로 했지.

가난한 백성에게는 빌린 돈의 이자를 탕감해 주어 노비로 전락하는 것을 막았어. 그리고 전쟁이 끝났으니 무기는 녹여서 농기구로 만들어 백성들이 농사에 쓸 수 있도록 하고 말이야.

그러니 통일 전이나 통일 후나 내 일과는 똑같았어.

앉으나 서나 나라 걱정! 자나 깨나 백성 걱정!

그러니 성군이라면 내가 최고라고 난 자신해. 아무렴!

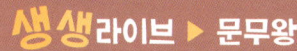

문무왕의 유언!

백성 여러분, 내가 아무래도 오늘을 넘기지 못할 것 같소. 콜록! 콜록!
내 마지막 유언을 들어주시오.
난 죽어서도 나라를 지키는 용이 될 것이오.
그러니 내가 죽으면 동해 바닷가의 큰 바위에 장사를 지내 주시오. 꼭!

👍 681

#문무왕 #유언 #바닷가무덤 #대왕암 #큰바위에묻어다오 #작은거말고 #큰바위랬소

- 안 돼요! 안 돼요! 돌아가시면 안 돼요!
- 에구! 에구! 죽는 순간까지 나라를 생각하시는 저 충심! 감동이옵니다.
- 아! 그래서 문무왕의 능인 대왕암이 경주에 있는 바다에 만들어진 거구나.
- 정식 이름은 '경주 문무 대왕릉'이라지?

댓글 달기...   게시

경문왕

동화 속 주인공인 내가 최고!

다른 왕들의 이야기는 재미있었어? 역사적인 전쟁과 치열한 권력 다툼!
물론 그런 이야기는 흥미진진하기로는 최고일 거야.
하지만 재미있기로는 내 이야기가 최고일걸.
얼마나 재밌던지 내 이야기는 동화로까지 만들어졌거든.
어떤 동화냐고?

재위 기간 861년~875년

본래 이름 김응렴

닉네임 당나귀귀

최고 업적 왕실의 권위를 회복하려 노력함.

가족 관계 신라 제43대 희강왕의 손자로, 아버지는 아찬 벼슬의 김계명.

좌우명 임금의 귀는 백성의 이야기를 들으라고 있는 것이다.

특이 사항 왕이 된 뒤로 귀가 점점 커지는 이상한 병을 앓음.

왕이 된 사연 15세의 나이로 헌안왕의 맏딸과 결혼해 왕의 사위가 됨. 헌안왕의 유언으로 왕위에 오름.

성격 어질고 지혜로웠음.

경문왕 뇌 구조

- 귀 걱정
- 나라 걱정

임금님 귀는 당나귀 귀다!

혹시 「임금님 귀는 당나귀 귀」라는 동화를 알아?
그 동화 속 임금이 바로 나야! 나!
사실 내가 왕의 자리에 올랐을 무렵, 이미 신라는 찬란한 전성기를 지나 차츰 기울어 가고 있었어.
나라의 운이 다해 가고 있던 탓일까. 궁궐 안에서는 왕위를 둘러싼 생사를 건 싸움이 끊이지 않았고, 나라 안에서는 무시무시한 자연재해가 자주 발생했지.
867년에는 전염병이 퍼지며 홍수가 나서 큰 고생을 했어. 870년에는 금성에 지진이 일어나더니, 가을에는 홍수가 나고 겨울에는 전염병까지 퍼지더라고. 872년에는 지진에 이어 난데없이 메뚜기 떼가 창궐하기도 하지 뭐야.

하룻밤 자고 나니 귀가
눈썹 위까지 삐죽!

또 하룻밤 지나니
이마 위까지 불쑥!

이런 일이 계속 이어지다 보니 백성들의 삶은 자꾸 피폐해져 갔지. 그러니 내 고민이 얼마나 깊었겠어.

'어찌하면 백성들의 삶을 잘 돌볼 수 있을꼬?'

고민이 많아서인지 왕위에 오른 뒤부터 이상한 병까지 생겼지 뭐야. 여기, 귀 보이지? 글쎄 이 귀가 매일매일 커지는 거야.

'내 귀를 보면 신하와 백성 들이 배를 잡고 웃겠지?'

놀림거리가 될까 두려웠던 난 두건을 쓰고 지내게 되었지.

그런데 문제는 두건을 만드는 노인이었어. 혹시 그 노인이 내 귀 이야기를 퍼트릴지도 모르잖아. 그래서 난 노인에게 단단히 일렀지.

"이건 너와 나만의 비밀이다. 내 귀에 대해 한마디라도 떠든다면 네 목을 벨 것이다!"

"예. 절대로 말하지 않겠습니다."

그런데 원래 하지 말라면 더 하고 싶은 게 사람의 마

그러다 기어이 머리 위로 쑥!

그러고도 매일 쑥쑥 자라네.

음이잖아.

노인은 비밀을 말하고 싶어서 입이 근질근질! 하지만 목이 달아날 터이니 말하고 싶은 걸 참느라 가슴은 답답! 그러다 보니 그만 병이 들고 말았지 뭐야. 하고 싶은 걸 참고, 참고, 또 참다 보니 화병이 나고 만 거지.

참다 못한 노인은 어느 날 아무도 없는 대나무 숲으로 갔어. 그리고 목청껏 소리쳤지.

"임금님 귀는 당나귀 귀다! 임금님 귀는 당나귀 귀다!"

그렇게 실컷 속풀이를 다 하고 난 노인은 편한 마음으로 숨을 거두었다고 해.

문제는 그다음에 벌어졌지 뭐야. 그 대나무 숲에서 이상한 소리가 들리기 시작한 거야. 바람이 휘휘 부는 날이면 아무도 없는 숲에서 이런 소리가 들린다나.

"임금님 귀는 당나귀 귀다!"

소문을 들은 난 화들짝 놀라 명령했지.

"대나무를 모두 베어 버려라. 당장!"

그런데 대나무가 사라진 곳에 산수유나무 숲이 생겼는데, 거기서도 소리가 난다지 뭐야.

귀 귀이이이~

"임금님 귀는 당나귀 귀다!"

그 때문에 백성들에게 내 비밀이 모두 탄로 나 버린 거지.

에구! 에구! 이를 어쩌나!

나는 시름에 빠지고 말았어. 부끄러워서 고개를 들 수가 없더라고.

그런데 한 신하가 이렇게 말하는 거야.

"임금님의 귀가 큰 것은 조금도 부끄러운 일이 아니옵니다. 그 큰 귀라면 백성들의 말을 더 많이, 더 잘 들을 수 있지 않겠습니까. 그 귀로 백성들의 말에 귀를 기울인다면 온 백성이 우러러보는 성군이 되실 것이옵니다."

옳거니! 그제야 깨달았어.

'아하! 성군이 되라고 하늘이 내게 큰 귀를 주신 거구나!'

그래서 그 뒤로는 늘 백성들의 말에 귀 기울이려고 노력하게 되었지.

그런데 이 이야기가 엄청 감동적이었나 봐. 어느새 재미난 옛이야기로 만들어져 후손들에게 들려지고 있더라고.

그러니까 잘 기억해 둬. 전래 동화 「임금님 귀는 당나귀 귀」의 주인공은 바로 나야. 신라 경문왕! 하하하!

생생라이브 ▶ 경문왕

운명을 바꾼 헌안왕과 김응렴의 대화!

난 헌안왕의 사위가 된 덕분에 뒤를 이어 왕이 될 수 있었어. 그런데 왕의 사위가 될 수 있었던 건 어느 날 왕과 나눈 대화 덕분이었지. 그때 임금께서 내 대답에 탄복하며 사위로 삼으신 거거든. 그 대화를 담은 깨톡을 캡쳐해 보여 줄게.

 사방을 돌며 공부를 했다던데, 참말이냐?

예, 여러 곳에서 다양한 스승을 만나며 많은 걸 배웠나이다.

 그래? 그럼 그동안 배운 바가 무엇이냐?

높은 자리에 있으면서 낮은 사람들보다 겸손하게 사는 이가 첫째요, 큰 부자이면서 검소하게 옷을 입는 이가 둘째요, 본디 귀하고 힘이 있으면서 그 위세를 쓰지 않는 이가 셋째이옵니다.

 옳거니! 네가 세상 이치를 제대로 깨우쳤구나. 인재로다! 인재! 내 너를 사위로 삼고 싶구나. 내 딸이 둘이니, 누구든 마음에 드는 공주랑 혼인을 하도록 하여라!

구독　　👍 454　👎　↗ 공유　⬇ 오프라인 저장　⋯

#경문왕 #본명김응렴 #장인 #헌안왕 #현명한대답 #왕의사위됐어 #나자신칭찬해

🔵 이래서 말 한마디에 천 냥 빚을 갚는다고 하는구나.
🟡 그래도 너무하네. 공주들의 마음은 물어보지도 않다니! 한데 그래서 어느 공주랑 혼인한 거야?
🔵 그게 참! 말하기가 좀 곤란하네.
🔵 뭔데? 뭔데?
🟡 결국엔 두 공주랑 모두 혼인을 했거든.
🔵 헐!

🔵 댓글 달기...　　　　　　　　　　　　　　　게시

신라 왕 계보

한눈에 쏙!

6부(部) 이름 고치고 성(姓) 내림.

(24~57)
3대 유리 이사금

나라 세우고,
국가 기초를 세움.

(기원전 57~기원후 3)
**1대 박혁거세
거서간**

석탈해를 사위로
삼아 정사 맡김.
병선 100여 척으로
왜구 격퇴.

(4~24)
2대 남해 차차웅

석탈해로,
65년에 국호를
계림이라 고침.

(57~80)
4대 탈해 이사금

유리왕의 아들.
월성을 쌓아 백성을
옮겨 살게 함.
여러 나라 병합해
국위 높임.

(80~112)
5대 파사 이사금

(479~500) **21대 소지 마립간**

백제와 화평 유지, 백제와 결혼 동맹.
고구려 침략을 백제와 함께 물리침.
각 지방에 우편역(郵便驛) 설치.

24대 진흥왕
(540~576)

황룡사 건립 시작.
진흥왕 순수비 건립.
562년, 대가야 멸망시킴.

23대 법흥왕
(514~540)

율령 반포.
527년, 이차돈의
순교로 불교 공인.
532년, 금관가야
멸망시킴.

22대 지증왕
(500~514)

왕이라는 칭호 처음 사용.
국명을 신라로 확정.

20대 자비 마립간
(458~479)

고구려가 백제 공격하자
나제 동맹 맺음.

25대 진지왕
(576~579)

진흥왕의 둘째 아들.

농본 정책으로 경지 개간.
백성의 사치 금함.
(134~154)
7대 일성 이사금

벌휴왕의 손자.
(196~230)
10대 내해 이사금

현(縣) 설치,
도로 개통 등
국내 정치에
힘 쏟음.
(154~184)
8대 아달라 이사금

탈해왕의 손자.
(184~196)
9대 벌휴 이사금

벌휴왕의 손자.
(230~247)
11대 조분 이사금

백제의 협조를
얻어 말갈 물리침.
(112~134)
6대 지마 이사금

(310~356) **16대 흘해 이사금**
기림왕이 후사 없이 죽고서
군신들의 추대로 즉위.

(247~261) **12대 첨해 이사금**
고구려에 사신 보내 화친 맺음.

**19대
눌지 마립간**
(417~458)
438년, 우차법
(소로 수레 모는 법)
제정.

**17대
내물 마립간**
(356~402)
중국 문물
수입에 힘씀.

**15대
기림 이사금**
(298~310)
307년, 국호를
신라로 바꿈.

**13대
미추 이사금**
(262~284)
김씨 왕가의 시조.

18대 실성 마립간
(402~417)
내물왕 죽은 뒤 백성들 추대로 즉위.

14대 유례 이사금
(284~298)
백제와 수교함.

진흥왕의 맏아들인
동륜의 아들.
(579~632)
26대 진평왕

진평왕 동생의 딸.
(647~654)
28대 진덕 여왕

백제, 고구려 멸망시켜
삼국 통일. 유언 따라
동해 대왕암에 수장됨.
(661~681)
30대 문무왕

진평왕 맏딸로,
우리나라 최초의
여왕. 614년 경주
첨성대 건립.
(632~647)
27대 선덕 여왕

부인은 김유신의
여동생 문희.
백제 멸망시킴.
(654~661)
29대 태종 무열왕

만파식적 만듦.
(681~691)
31대 신문왕

위기의 나라를 구하려고
후당에 구원 청했으나 실패.
(917~924)
54대 경명왕

신라의 세 번째 여왕.
(887~897)
51대 진성 여왕

희강왕의 손자.
(861~875)
48대 경문왕

56대 경순왕
(927~935)

신라의 마지막 왕.
935년에 왕건에
항복.

55대 경애왕
(924~927)

927년 견훤의
습격을 받자
자살함.

52대 효공왕
(897~912)

궁예와 견훤에게
많은 영토 빼앗김.
정사를 잘 돌보지
않음.

49대 헌강왕
(875~886)

신라 사회 사치와
환락으로 기울던
시기.

53대 신덕왕
(912~917)

백성의 추대로
왕에 오름.

50대 정강왕
(886~887)

몸이 약해 즉위 2년 만에 죽음.

- **32대 효소왕** (692~702)
  692년 설총에게 이두(吏讀) 정리하게 함.

- **33대 성덕왕** (702~737)
  신라의 태평성대 시기.

- **34대 효성왕** (737~742)
  성덕왕의 둘째 아들.

- **35대 경덕왕** (742~765)
  751년에 김대성이 불국사 창건.

- **36대 혜공왕** (765~780)
  나라를 잘못 다스려 대공의 난, 김지정의 난이 일어나며 나라 어지러워짐. 선덕왕에게 피살됨.

- **37대 선덕왕** (780~785)
  발해의 팽창을 견제하는 정책 펼침.

- **38대 원성왕** (785~798)
  788년 독서출신과 설치.

- **39대 소성왕** (798~800)
  왕위에 오른 지 2년 만에 죽음.

- **40대 애장왕** (800~809)
  숙부 김언승에게 왕위 빼앗기고 살해됨.

- **41대 헌덕왕** (809~826)
  애장왕 죽이고 왕이 됨.

- **42대 흥덕왕** (826~836)
  완도에 청해진 만들어 장보고에게 관리하게 함.

- **43대 희강왕** (836~838)
  흥덕왕이 후사 없이 죽자, 왕위에 오름.

- **44대 민애왕** (838~839)
  난을 일으켜 희강왕 자살하게 만들고 왕이 됨. 이에 장보고와 김우징 세력에 의해 제거됨.

- **45대 신무왕** (839~839)
  민애왕 제거하고 왕이 됐으나 수개월 뒤 죽음.

- **46대 문성왕** (839~857)
  신무왕의 아들.

- **47대 헌안왕** (857~861)
  신무왕의 동생.

이런 나라, 이런 왕도 있었거든!

눈을 크게 뜨고 봐. 한반도에는 고구려, 신라, 백제의 삼국만 있었던 게 아니라고! 크고 작은 나라들이 아주 많이 생겨났다가 사라졌단 말이야. 그만큼 왕도 많았지.

잠깐! 초기 국가를 소개할게

신라, 고구려, 백제의 삼국 시대 전, 한반도에는 초기 국가인 고구려, 부여, 옥저, 동예, 삼한이 있었어. 그중 고구려와 부여는 5부족 연맹 국가였고, 옥저, 동예, 삼한(마한▶백제, 변한▶가야, 진한▶신라)은 왕이 없는 군장 국가였지.

동명왕

난 부여를 세운 동명왕이야.
부여는 만주 지역 쑹화강 유역에 있던 나라인데,
약 600년이라는 긴 역사를 이어 갔지.
우리 땅은 넓은 평야 지역에 있어서 농사짓기에
아주 좋았어. 가축도 잘 자라고 말이야.
그런데 내가 확실히 짚고 넘어갈 게 있어.
난 알에서 태어났는데 어릴 적부터 활을 아주
잘 다뤘어. 그러자 시샘하는 사람이 많아져서
할 수 없이 남쪽으로 도망쳐 부여를 세웠던 거야.
그런데 이 이야기는 어쩐지 익숙하지 않아?
어디선가 들어 본 것 같지?
바로 고구려의 주몽 이야기랑 비슷하잖아.
분명 내가 먼저 태어나서 부여를 세웠는데,
그 뒤 우리 부여에서 살다 고구려를 세운 주몽과
내 이야기가 비슷하다면? 냄새가 난다!
냄새가 나! 주몽이 내 이야기를 그대로
베낀 게 아닐까?

난 금관가야를 세운 김수로!
나도 알에서 태어났어. 그러고 보니 알에서 태어난 왕이 참 많지? 그 이유가 뭔지 알아? 옛날에는 하늘을 신성하다고 여겼기 때문에 하늘을 나는 새도 신성하게 생각했어. 새를 하늘의 심부름꾼이라고 생각하기도 했지. 그러니까 새처럼 알에서 태어났단 건 하늘의 뜻을 이어받았다는 의미가 되는 거지. 그리고 동그란 알은 태양을 상징하기도 해. 즉 왕은 태양 같은 존재란 뜻이지. 그러니 왕이라면 모름지기 나처럼 알에서 태어나야지. 흠! 흠! 가야는 어떤 나라냐고?
삼국이 서로 경쟁하던 4~7세기를 삼국 시대라고 하잖아. 그때 한반도에는 삼국 말고도 가야가 있었어. 우리 가야는 부족들이 연맹을 이룬 연맹 국가로, 농업과 풍부한 철을 바탕으로 발전했지. 비록 백제와 신라의 공격을 차례로 받다가 고대 국가로 발전하지 못한 채 결국에는 신라에 합쳐지고 말았지만 말이야.

김수로왕

나는 발해를 세운 대조영!
멸망한 고구려의 유민이었는데, 당시 우리는 당나라의 지배를 받으며 고통스럽게 살아야 했지. 그래서 이리저리 떠돌던 고구려 유민을 모으고, 말갈 사람들까지 모아 당나라와 싸워 나라를 세웠어.
처음에는 나라 이름을 진국(뒤에 발해가 됨)이라 하고, 남만주의 동모산 기슭(지금의 길림성 근처)을 도읍으로 정했지. 발해가 어떤 나라였냐고? 내 뒤를 이어 무왕, 문왕, 선왕 등의 뛰어난 왕들이 등장하면서 발해는 큰 나라로 발전했어. 당나라도 인정할 만큼 강한 나라였다니까. 얼마나 강국이었으면 '동쪽의 융성한 나라'라는 뜻의 '해동성국'으로 불렸겠냐고. 그러니 한반도의 역사를 이야기할 땐 우리 발해도 잊지 말아 줘.

대조영

고려

 태조 왕건

고려를 세운 왕이니까 내가 최고!

안녕! 난 고려를 건국한 태조 왕건이야.
신라에 이어 한반도를 지배한 위대한 나라가 바로 고려야.
그러니 '성군'에서 나를 빼면 아주 섭섭하지.
난 어떤 왕이었냐고? 고려는 어떻게 시작되었냐고?

재위 기간 918년~943년

닉네임 송악킹

최고 업적 고려 건국.

좌우명 옛일을 거울 삼아 오늘을 경계하라.(훈요 10조 10항)

인물 관계도
- 아버지 왕륭
- 어머니 한씨 부인
- 태조
- 후고구려 궁예
- 후백제 견훤
- 신라 경순왕

특이한 이력 후고구려를 만든 궁예 밑에서 장수 생활을 함.

출신 송악(지금의 경기도 개성)에서 금성 태수였던 왕륭의 맏아들이었음.

특이 사항 혼인 정책으로 아내가 아주 많음.

성격 용맹하면서도 너그럽고 지혜로움.

남긴 교훈서 후대의 왕들이 지켜야 할 교훈서인 『훈요 10조』를 남김.

후삼국 시대의 영웅들

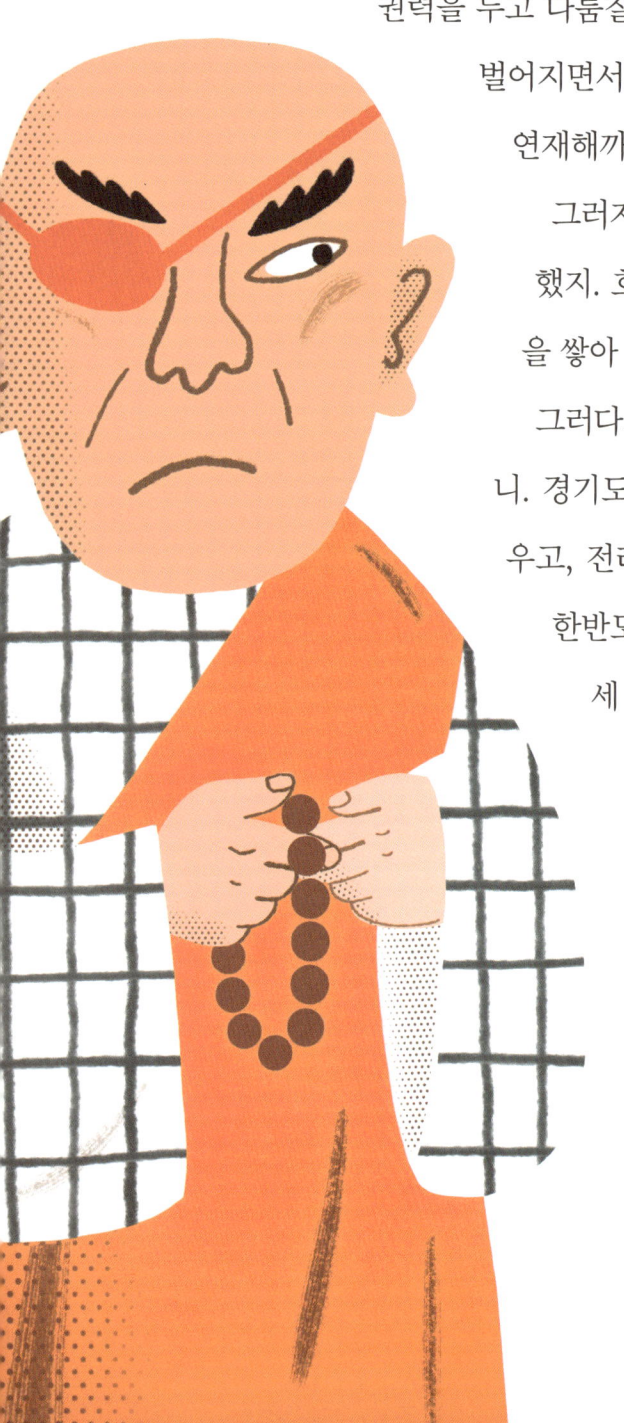

세상에 영원한 왕국은 없는 법이지.

삼국을 통일하며 번영을 누리던 신라도 흔들리기 시작했어.

권력을 두고 다툼질만 벌이는 귀족! 왕좌를 놓고 경쟁이 벌어지면서 계속 바뀌는 왕! 거기에 끊임없는 자연재해까지! 신라가 기울어 가고 있었던 거야.

그러자 지방 호족들의 힘이 강해지기 시작했지. 호족들은 세금을 따로 걷고 저마다 성을 쌓아 군대를 키워 나갔어.

그러다가 나라를 세우는 호족까지 생겨났으니. 경기도, 강원도에서 궁예가 후고구려를 세우고, 전라도에선 견훤이 후백제를 세우면서 한반도에서 다시 신라, 후고구려, 후백제의 세 나라가 다투게 된 거야.

그럼 난 그때 뭘 했냐고?

당시 우리 아버지는 궁예의 편이었어. 그래서 나도 궁예를 도와 큰 공을 많이 세웠지.

사실 궁예 이야기를 하려면 마

음이 참 아파. 그건 특별한 우리 사이 때문이야.

우리 사이를 한마디로 말하면 '애증의 관계'랄까?

자신을 도와 큰 공을 세운 나를 궁예는 참 아끼고 좋아했지. 나도 궁예를 존경했고 말이야.

그런데 백성을 잘 살피던 궁예가 엉뚱한 짓을 하기 시작하더라고. 자신을 미륵부처라는 둥 헛소리를 하며 포악한 정치를 일삼는 거야. 신처럼 행세하며 사람까지 죽이고 말이야.

그러니 더 이상 궁예를 받들 수가 있겠어?

사실 나만 궁예에게 실망한 게 아냐. 호족, 신하, 백성 들까지 모두 마음이 돌아서 버렸지.

그런 참에 신하인 신숭겸, 배현경 등이 918년에 궁예를 내쫓아 버리고는 나에게 왕이 되라지 뭐야. 나처럼 너그럽고 현명한 사람이 왕이 되어야 한다나 뭐라나. 허허허!

거절할 이유가 없었지.

왕으로 추대된 난 나라 이름부터 지었어.

'고구려를 계승한다'는

의미를 담아 '고려'!

이듬해인 919년에는 철원에서 송악으로 도읍도 옮겼지.

그러자 놀라운 일이 벌어졌어.

젊고 용맹한 왕의 등장은 팽팽하던 힘의 균형을 와르르 무너뜨릴 수밖에.

내가 고려를 건국했다는 소식에 각지의 호족들이 줄을 지어 귀순해 온 거야.

"저를 받아 주세요. 왕건 님의 충실한 부하가 되겠습니다."

그런데 이렇게 많은 호족들이 모이다 보니 문제가 자꾸 발생하지 뭐야. 다툼도 벌어지고, 반란을 일으키는 호족들도 생기고…….

나는 고민에 빠졌지.

난 매일 고민, 또 고민!

호족들의 마음을 하나로 묶을 방법이 없을까?

호족들이 날 배신 못 하게 할 좋은 방법이 없을까?

나는 그 외에도 다양한 방법으로 호족 세력을 통합해 나갔어. 호족 세력을 통합하며 안정을 찾았으니 우리 고려는 계속 발전할 수밖에

없었지. 그러다 보니 좋은 일이 계속 생기더라고.

935년에는 신라의 경순왕이 항복을 해 왔어. 936년에는 후백제와 황산벌에서 벌인 전투에서도 승리!

이로써 이 땅은 다시 '고려'라는 하나의 나라로 통일된 거야.

통일된 나라의 왕답게 난 백성을 위한 정책에 온 힘을 기울였지. 흠! 흠!

한마디로 말해서 성군 중의 성군이란 말씀! 하하하!

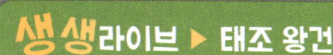

생생라이브 ▶ 태조 왕건

아버지 왕륭이 들려주는 왕건이 '왕건'이 된 사연

우리 아들 이름이 왕건이 된 사연을 들려줄게.
하루는 송악산의 옛집 남쪽에 새집을 짓고 있는데,
도선이란 승려가 지나가며 말하더라고.
"기장을 심을 땅에 어찌 삼을 심었는가?"
이에 아내가 달려가서 무슨 뜻이냐 물었더니,
도선이 이렇게 말하는 거야.
"거기에 서른여섯 칸의 집을 지으면 다음 해에
반드시 슬기로운 아들을 낳을 것이오. 그럼 이름을
왕건이라 하시오."
그리하여 내 이름이 왕건이 되었단 말씀!

구독   👍 877   👎   ↗ 공유   ⬇ 오프라인 저장   ⋯

#아버지왕륭 #왕건 #이름사연밝혀 #승려도선 #36칸집지어라 #아들낳는다 #내말믿게

- 헐! 정말 36칸 집을 짓고 아들을 낳았단 건가요?
- (왕륭) 그렇다니까. 그래서 하라는 대로 이름도 왕건이라고 지었지.
- (도선) 거 봐. 내 말 듣길 잘했지? 거기가 딱 왕이 나올 자리였걸랑. 왕건이 왕이 된 건 다 내 덕분이야.
- 음……, 이상해. 그럼 누구라도 거기에 집을 지으면 왕이 될 아들을 낳는단 거잖아. 그런 게 어딨어. 어쩐지 조작된 이야기라는 생각이…….
- (도선) 무조건 믿어! 그냥 믿어!

💬 댓글 달기…   게시

광종

추진력이라면 내가 최고!

왕이라고 다 같은 왕이 아냐.
왕이란 모름지기 카리스마가 넘치고, 백성들의 마음을 확 사로잡고
나가는 지도력과 추진력이 넘쳐야 하는 법이지.
그런 의미에서 최고의 성군은 바로 나, 광종이란 말씀!

재위 기간 949년~975년

최고 업적 왕권을 강화시킴.

닉네임 카리스마킹

좌우명 왕은 모름지기 카리스마가 99.9프로다!

최애 신하 쌍기

특이 사항 광종의 '광'은 '빛날 광(光)' 자임. '미칠 광(狂)'이 절대 아님.

성격 인정사정 보지 않고 맘먹은 걸 해내는 추진력 완전 짱!

광종 뇌 구조
- 왕권 강화!
- 카리스마!

왕권 강화로 가는 길

나는 말야, 왕권은 무조건 강해야 한다고 생각해.

왜 그렇게 생각하냐고?

들어 봐. 내가 왕이 되었을 때 정치 상황이 어땠는 줄 알아?

제1대 왕이신 태조 왕건은 혼인 정책으로 호족의 마음을 잡았다고 했잖아. 덕분에 나라가 안정됐고 말이야.

하지만 그럼 뭐 해. 태조께서 돌아가시자마자 고려는 다시 혼란스러워졌는걸.

아내가 많았으니 태조의 자식은 또 얼마나 많았겠어. 그들이 모두 호족 세력을 등에 업고 있으니, 태조가 죽은 뒤에는 서로 권력을 차지하겠다며 아웅다웅!

한마디로 외척(어머니 쪽 친척) 세상이 돼 버린 거야.

그러니 내가 제4대 왕으로 왕좌에 올랐을 때도 왕권은 흔들흔들!

그래서 난 굳게 마음을 먹었지.

"좋아! 강력한 왕권을 휘둘러서 이 혼란을 잠재워 버리겠어!"

난 왕권 강화 정책 제1탄으로 노비안검법을 실시했지. 그게 뭐냐고? 옆의 그림을 봐 봐!

이 여세를 몰아 왕권 강화 정책 제2탄, 과거제 실시!

우리 고려에는 예부터 아주 불평등한 문화가 있었는데, 그게 바로 음서야. 음서는 높은 관직을 지낸 사람의 자손을 시험도 보지 않고 관리로 선발하는 방법이었어. 그러니 소수의 귀족들이 대를 이어 힘을 키우는 일이 반복되었지.

음서를 없애려면 제대로 된 관리 등용 제도를 만들어야겠더라고. 그래서 중국 후주에서 귀화한 신하 쌍기의 건의를 받아들여 중국의 제도를 들여와서 '과거제'를 실시하기로 했어.

"이제부터는 과거 시험을 통해 정정당당하게 관리를 뽑겠노라!"

그런데 말이야. 이렇게 새로운 제도를 추진하는 데 가장 필요한 게 뭔지 알아?

바로 막강 카리스마야.

호족과 귀족 들의 반대가 엄청났거든. 그러다 보니 난 왕권에 위협이 되는 자들은 개국 공신(나라를 세울 때 공을 세운 신하)이라 해도 가차 없이 물리쳐 버렸어. 형제라도 왕권을 넘보는 자는 인정사정 안 보고 죽였고 말이야.

그랬더니 미치광이 왕이라느니, 폭군이라느니 하며 욕을 하더라고.

하지만 욕하고 싶으면 하라고 해! 왕권 강화를 위해서라면 욕먹는 것쯤은 상관하지 않으니까. 험! 험!

신하 쌍기를 소개할게!

얘가 쌍기야!

쌍기는 나에게 과거제를 건의한 신하야.
사실 쌍기는 중국 출신인데, 고려에 사신으로
왔다가 내 눈에 딱 띄었지.
난 한눈에 쌍기의 총명함을 알아봤어. 그래서
나랑 같이 고려에서 일하자고 했지.
잘했지?

응응. 그게 나야!

👍 958

구독 | 공유 | 오프라인 저장

#광종 #최애신하 #쌍기 #원래중국사신 #고려스카우트 #사람볼줄알아

- 캬! 인재를 바로 알아보는 광종의 안목이라니! 대단하십니다.
- 그러게. 쌍기를 안 데려왔으면 과거제도 생겨나지 않았을 거잖아.
- 그래도 난 광종은 칭찬만 할 순 없다고 생각해. 왕권 강화를 위해서 너무 많은 사람을 죽였다는 평을 받고 있잖아.
  - (광종) 그 입 다물라! 여봐라! 저놈을 하옥하라. 당장!
    - 헉!

댓글 달기...   게시

성종

소리 없이 강한 힘에는 내가 최고!

힘이란 건 큰 목소리나 강한 무력에서만 나오는 게 아냐.
큰 소리 없이도 상대를 천천히 제압하는 나만의 스타일!
바로 '성종 스타일의 힘'이란 게 있거든.

재위 기간 981년~997년

닉네임 은근힘짱!

최고 업적 국가 운영 체계의 기틀을 마련함.

국제 정세 관계도

- 중국의 거란과 송나라가 대립
- 거란과는 덜 친함
- 송나라와 친함
- 중간에 낀 고려

좌우명 조용한 힘이 진짜 무섭다.

최애 신하 서희

특징 차분한 얼굴! 하지만 은근히 상대를 꿰뚫어 볼 것 같은 예리한 눈.

성격 조용하면서도 지혜로움.

진짜 힘을 보여 줄게

광종의 힘이 상대를 벌벌 떨게 하는 무력이었다면, 난 근엄한 자세와 품성으로 막강 카리스마를 풀풀!

이런 게 바로 성종 스타일이란 말씀!

그런데 가만 생각해 보면, 그건 모두 광종이 왕권을 잘 세워 주셨기에 가능했던 것 같아. 그래서 늘 광종께 감사하는 마음이지.

정책적인 면에서도 광종과 난 은근 손빽이 잘 맞아. 광종께서 과거제를 만들어서 관리를 잘 뽑는 방법을 정비했다면, 난 새로 뽑힌 관리들이 일할 관청을 잘 정비했거든.

중국의 정치 제도를 본떠서 우리 고려만의 중앙 정치 제도를 정비한 거야. 우리 실정에 맞춰 중앙의 관청들을 정비하고, 필요한 관청은 새로 만들고…….

지방에도 관리를 파견해서 중앙의 목소리가 지방까지 잘 전달되도록 했지.

이 모든 걸 품위 있고 근엄하게 차근차근 진행했단 말씀!

그런데 끼리끼리라더니, 왕인 내가 이렇게 품위와 근엄함이 넘쳐 나니까 신하들도 그렇더라고.

발해를 멸망시킨 거란 침입 사건 때 큰 힘을 발휘한 서희가 딱 그랬어. 들어 봐.

993년 어느 날, 다급한 소식이 궁궐로 날아들었지 뭐야.

"큰일 났습니다. 요나라의 팔십만 대군이 몰려오고 있습니다."

거란의 요나라가 우리 고려를 침입한 거야.

사실 이 전쟁은 어쩌면 예상된 것이었을지도 몰라. 당시 중국에서는 거란의 요나라가 송나라와의 전쟁을 준비하고 있었거든. 그런데 혹시 우리 고려가 송나라 편을 들까 봐 걱정한 거란이 장수 소손녕을 보내 우리 고려를 먼저 공격해 버린 거야.

세상에나! 80만 대군이라니!

대신들은 지레 겁에 질려 덜덜!

그런 대신들 속에서 당당히 나선 이가 바로 서희야.

"제가 소손녕을 만나 담판을 짓고 오겠습니다."

캬! 저 당당한 눈빛을 봐. 조용하면서도 강한 저 눈빛!

그길로 서희는 요나라 진영으로 척 들어가 소손녕과 마주 앉았지.

이름하여 '서희와 소손녕의 끝장 담판!'

이렇게 해서 우린 전쟁도 막고, 압록강 동쪽의 6개 고을(강동 6주)을 얻게 됐어.

칼 한 번 쓰지 않은 채 오직 말로만 싸워서 이긴 서희의 담판!

어때? 은근 강한 힘이란 바로 이런 거라고!

그러니 소리 없이 강한 힘, 우아한 힘으로는 나와 내 신하들을 따를 자가 없겠지?

생생라이브 ▶ 성종

강동 6주가 어디냐고?

강동 6주는 오늘날의 압록강과 청천강 사이에 있는 곳이야. 아주 넓은 지역이지. 이곳은 거란과 우리 고려 사이에 위치한 전략적 요충지이기도 해. 이걸 말 한마디로 얻어 냈으니 그야말로 완전 득템!

👍 994

#강동6주 #압록강 #청천강 #거란 #고려사이 #전략적요충지 #서희장하다

- 와! 진짜 대단해요. 피 한 방울 안 흘리고 요충지를 차지하다니!
- 역시! 그 임금에 그 신하로세.
- (서희) 내가 좀 유능하지. 험! 험! 소손녕을 보자마자 딱 알겠더라고. 요놈이 원하는 건 송나라와 친하게 지내지 않겠다는 맹세로구나. 그러겠다고만 하면 뭐든 다 내주겠구나. 그래서 내가…… 주절주절…….
- …….
- 은근 자랑도 세시네. 성종께서도 그러시려나?
- (성종) 아냐! 아냐! 저건 내 스타일이 아냐. 흠!

공민왕

아쉽기로는 내가 최고!

아무리 뛰어난 자질을 가진 왕이라도 시대와 운이 따라 주지 않으면 소용없어. 그 자질과 능력을 제대로 발휘도 못 해 보고 꺾일 수 있거든. 왜 이런 이야기를 하냐고? 내가 딱 그런 왕이었거든. 흑흑! 그러니 내가 아쉽겠어, 안 아쉽겠어?

재위 기간 1351년~1374년

닉네임 킹아쉽

최고 업적 원나라에 빼앗긴 영토를 수복함.

인물 관계도

공민왕 | 사랑하는 아내 노국 공주

아끼는 신하 신돈

좌우명 시대와 운을 잘 타고 나야 한다.

최애 신하 신돈

특이 사항 아내가 원나라의 공주였던 노국 공주임.

성격 발 빠른 판단력과 추진력 가짐.

아쉽도다! 완성하지 못한 꿈!

내 이야기를 들으려면 일단 그 시기에 우리 고려가 처한 상황부터 알아야 해.

그때는 몽골의 원나라가 막강한 힘을 발휘하던 시기!

원나라의 힘이 중국과 아시아 전체에 큰 영향력을 미치고 있었어.

우리 고려도 원나라의 내정 간섭을 받는 '원 간섭기'였지.

뭘 얼마나 간섭했냐고?

고려 왕자는 원나라 공주와 결혼해야만 왕이 될 수 있었어.

고려의 왕도 원나라 황제가 임명했고, 우리 고려에 동녕부(평양), 쌍성총관부(함흥), 탐라총관부(제주도)를 두어 각 지역을 다스렸지.

어디 그뿐이야? 고려는 원나라에 막대한 공물까지 바쳐야 했다고.

왕이 된 난 원의 간섭을 견디기가 너무 힘들더라고.
그래서 결심했어.
'반드시 이 지긋지긋한 간섭에서 벗어나리라!'

그런데 마침 좋은 기회가 온 거야. 나라 각지에서 반란이 일어나면서 원나라의 힘이 약해지기 시작했거든.

"앗싸! 이때다!"

기회가 왔을 때 그 기회를 탁 잡는 것도 능력이잖아.

나는 이참에 고려 안에 생겨난 원나라 제도와 풍습부터 없애기로 했지. 당시 유행한 몽골식 머리인 변발과 몽골식 옷인 호복부터 없애 버리기로 했어.

"원나라식의 옷차림과 머리 모양을 모두 금지하노라!"

그리고 원나라의 연호도 금지하며 원나라 힘을 믿고 날뛰던 권문세족들도 제거하기로 마음을 먹었지.

쌍성총관부 지역도 되찾고, 원나라 힘이 약해진 틈을 타서 북쪽으로 영토도 넓히고 말이야.

지금까지의 고려를 완전히 개혁하기로 한 거야.

"원나라의 간섭을 물리치고 고려를 살기 좋은 나라로 만들 것이다!"

그런데 개혁을 이어 가려면 내 뜻을 잘 이해하고 실행해 줄 관리가 필요하잖아.

난 그 관리로 승려였던 신돈을 등용했어.

"신돈아, 너와 내가 힘을 모아서 권문세족의 횡포에 신음하는 백성들을 구하자꾸나."

"예, 마마의 뜻이 바로 제 뜻이옵니다."

신돈은 정말 내 뜻을 잘 받들더라고.

권문세족들의 땅을 빼앗아 원래 주인인 백성들에게 돌려주고, 억울한 노비들은 양인으로 되돌려 주고…….

그러니 백성들은 만세를 부를밖에.

이대로만 간다면 난 개혁에 성공! 권문세족의 횡포에서 벗어난 백성들은 띵가띵가!

그런데 문제가 생겼지 뭐야. 신하들의 반발이 거세진 거야.

"이러다간 재물도 왕에게 뺏기고 힘도 약해지고 말 거야. 왕과 신돈을 그냥 두면 안 되겠어."

신하들의 반발로 일이 잘 풀리지 않으니까 신돈과 나 사이에도 자꾸 금이 생기더라고. 오해도 생기고 말이야.

그래서 난 신돈을 처형하고 말았지.

그런데 신돈이 없으니 나를 보호해 줄 사람이 하나도 없더라고.

결국 난 신하들에게 죽임을 당하고 말았지 뭐야. 흑흑!

아! 이로써 내가 펼치고자 했던 개혁도 실패!

아쉬워! 너무 아쉬워! 잘할 수 있었는데! 흑흑!

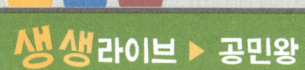 생생라이브 ▶ 공민왕

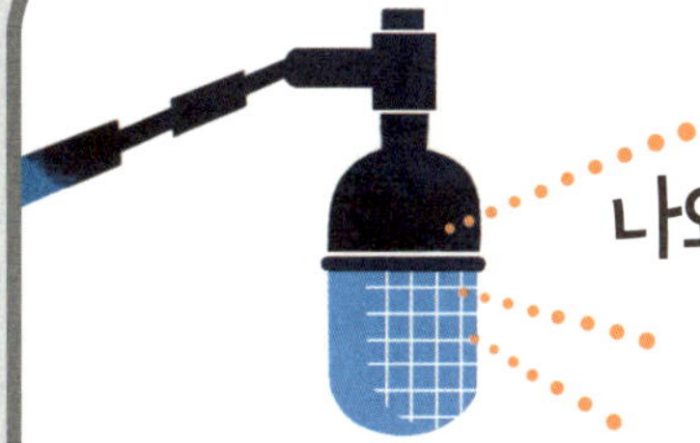

나와 왕비의 무덤을 소개할게

죽은 뒤에는 참 행복해.
내가 정말 사랑한 아내 노국 공주와 나란히 묻혔거든.
노국 공주는 원나라 황실 출신이지만, 난 공주를 정말 사랑했어.
노국 공주도 늘 내 편에서 날 보호해 주려고 애썼지.
우리는 살아서도 천생연분! 죽어서도 천생연분!

이건 내 묘인 현릉!

요건 아내 묘인 정릉!

구독 👍 1374 👎 공유 오프라인 저장 ⋯

#공민왕 #노국공주 #현릉 #정릉 #쌍릉 #천생연분 #죽어서도사랑해

- 노국 공주님이 아이를 낳다가 먼저 돌아가셨을 땐 우리 백성들도 너무 슬펐어요.
- 그때 공민왕은 엄청 슬퍼했다잖아. 노국 공주 초상화를 보며 매일 우셨대.
- 그래서 그 후로 나랏일을 돌보지 않았단 소문도 있지.
- 공민왕 님! 노국 공주님! 저승에서는 절대 이별하지 마세요.
- 그러고 보니 두 분의 무덤은 왕과 왕비의 무덤을 나란히 둔 쌍릉이었네.

댓글 달기... 게시

고려 왕 계보
한눈에 쏙!

고려 세움. 혼인 통해 호족 세력 포섭, 왕권 안정시킴.
(918~943)
1대 태조 왕건

왕건의 맏아들. 왕위 다툼에 시달림.
(943~945)
2대 혜종

수도를 서경(평양)으로 옮기려 했으나 실패.
(945~949)
3대 정종

왕권 강화 위해 노비안검법 제정, 과거 제도 실시.
(949~975)
4대 광종

15대 숙종
(1095-1105)
주전관을 두고 주화인 은병을 만들어 통용시킴.
해동통보를 주조해 통용시킴.

14대 헌종
(1094~1095)
즉위 1년 만에 왕위를 숙부인 숙종에게 물려줌.

13대 선종
(1083~1094)
승과(僧科) 설치, 불교 장려.

16대 예종 (1105~1122)
학문 진흥에 힘씀.

976년 전시과 제정.
(975~981)
5대 경종

유교를 정치 이념으로 채택. 중앙 집권적 체계 기틀 세움.
(981~997)
6대 성종

5대 경종의 맏아들. 전시과 개정, 학문 장려.
(997~1009)
7대 목종

거란의 침입을 불교 힘으로 물리치려 대장경 (6천여 권) 제작.
(1009~1031)
8대 현종

12대 순종
(1083~1083)

재위 3개월 만에 죽음.

11대 문종
(1046~1083)

문물 제도 정비해 고려의 황금기 이룩.

10대 정종
(1034~1046)

1044년 천리장성 완성. 노비종모법과 장자상속법 제정.

9대 덕종
(1031~1034)

국자감시 실시. 현종 때 시작한 국사 편찬 사업 완성.

17대 인종(1122~1146)
김부식에게 『삼국사기』를 편찬하게 함.

정중부, 이의방 등이
무신정변 일으켜
폐위됨.
(1146~1170)
18대 의종

무신 최충헌에
의해 폐위됨.
(1170~1197)
19대 명종

만적의 난 등
민란 연이어 발생.
(1197~1204)
20대 신종

(1388~1389) **33대 창왕**
9세에 왕이 됐으나
이성계에 의해 폐위됨.

(1349~1351) **30대 충정왕**
12세에 왕이 됐지만
3년 만에 폐위됨.

34대 공양왕
(1389~1392)
고려의 마지막 왕.

32대 우왕
(1374~1388)
10세에 왕이 됐으나
이성계의 위화도
회군 뒤에 폐위됨.

31대 공민왕
(1351~1374)
개혁과 반원 정책을
단행했지만 권문세족이 반발.
시해를 당하면서 개혁 중단됨.

정권을 장악한 최충헌을 죽이려다 실패해 폐위됨.
(1204~1211)
21대 희종

최충헌에 의해 왕위에 오름.
(1211~1213)
22대 강종

몽골의 침입으로 강화로 도읍 옮겨 28년간 항쟁.
(1213~1259)
23대 고종

친몽 정책과 개경 환도 추진하다 임연에게 폐위됨.(1269) 그러나 4개월 만에 복위.
(1259~1274)
24대 원종

(1274~1308) **25대 충렬왕**
몽골 침략 후 원종은 왕권 강화를 위해 원에 통혼을 요청했고, 충렬왕은 홀도로게리미실 공주와 혼인.

29대 충목왕
(1344~1348)
8세에 즉위해 12세에 죽음.

28대 충혜왕
(1330~1332, 1339~1344)
방탕한 행동으로 폐위됐다 복위됨.

27대 충숙왕
(1313~1330, 1332~1339)
정권 다툼에 시달림.

26대 충선왕
(1298, 1308~1313)
충렬왕의 아들로, 한국사 최초의 혼혈 왕.

조선

태조 이성계

조선을 세운 왕이니까 내가 최고!

모두들 내 이름이 언제 나오나, 하고 엄청 기다렸지?
그 이름도 유명한 태조 이성계! 그래! 바로 조선을 건국한 사람이야.
왕 중의 왕! 성군 중 성군!
『임금 열전』은 나를 위해 만들어진 것이나 마찬가지라고.
오래 기다렸어. 개봉 박두! 이제 내 이야기를 시작할게.

재위 기간 1392년~1398년

닉네임 왕중왕

최고 업적 조선을 건국함.

좌우명 때를 알고 움직이자!

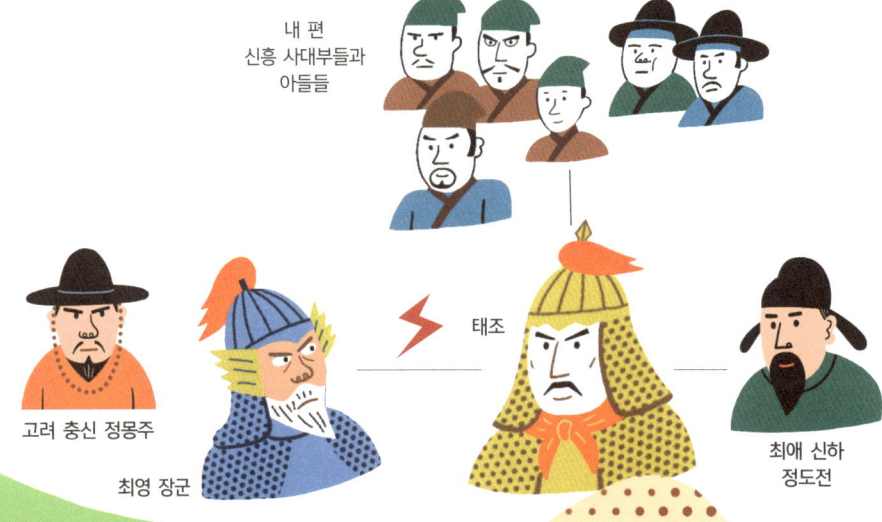

인물 관계도

내 편 신흥 사대부들과 아들들

고려 충신 정몽주

최영 장군

태조

최애 신하 정도전

최애 신하 정도전

특기 활 솜씨 뛰어남. 황산 대첩에서 왜구 아지발도 장군의 투구 꼭지를 맞춰 투구를 벗겨 버린 걸로 유명함.

강점 세계정세를 읽고 판단하는 능력이 탁월함.

반전 매력 장군 출신이라 성격이 급할 듯하지만 오히려 침착하고 생각이 깊음.

성격 추진력 짱! 장군 출신답게 패기와 용맹함도 짱!

성공은 때를 알고 나서는 사람의 몫!

나는 본래 고려의 장수였어. 그것도 최영 장군과 그 이름을 나란히 했던 명장!

그땐 최영 장군과도 사이가 참 돈독했지.

당시 고려는 나라의 운이 다하며 기울어 가고 있던 때였어.

나라 안은 혼란스럽고, 나라 밖은 홍건적과 왜적의 침입이 잦았지.

그때 나라를 지키겠다고 나선 이가 바로 나, 이성계와 최영, 그리고 최무선이었어.

당시 우리 세 사람의 활약상이 궁금하다고?

최영 장군
난 백발을 날리며 홍산 (지금의 부여)에서 왜구를 크게 무찔렀다고!

최무선 장군
난 화포를 싣고 전포로 출동해 500척이나 되는 왜구의 배를 맞아 큰 승리를 거뒀어.

이성계 장군
육지에는 당나라 북쪽 국경 지역에서 명성을 떨치던 내가 있었지.

그래도 최고는 역시 나, 이성계야. 왜구들도 내 앞에선 벌벌!

황산 대첩에서는 전설의 활 솜씨로 적장인 아지발도 장군의 투구를 활로 맞혀서 벗겨 버렸다니까.

그 덕분에 당황한 아지발도가 화살을 맞고 죽으면서 우린 대승을 거두었지.

그런데 이즈음 우리 고려를 둘러싼 세계정세가 아주 급박하게 변하고 있었어.

원나라가 서서히 힘을 잃으면서 중국 명나라의 힘이 강해지고 있었거든.

명나라는 고려에 큰소리를 쳐 댔지.

"원나라가 차지했던 땅은 모두 우리 명나라 것이다. 공민왕 때 차지한 고려의 북쪽 땅을 내놓아라!"

고려 우왕과 최영 장군은 노발대발!

"감히 우리 고려를 우습게 보다니! 혼을 내 줘야겠군. 이성계 장군! 당장 명나라 땅인 요동을 공격해서 우리 힘을 보여 주시오!"

헉! 순간 난 깜짝 놀랐어.

그건 정말 변화해 가는 국제 정세를 전혀 모르고 하는 소리였거든.

'명나라는 고려보다 강해. 그런 큰 나라와 전쟁을 벌이면 백성들만 큰 피해를 보게 될 거야.'

왕의 명이라 요동으로 향해야 했지만 내 마음은 너무 복잡했어.

'어쩌지?'

왕의 명을 따르자니 결과가 불 보듯 뻔하고, 어기면 난 반역자가 되어 처형될 것이니 이를 어쩐단 말인가. 고민하고 또 고민하고!

결국 난 압록강의 위화도라는 작은 섬에서 군대를 돌려 버렸어. 왕명을 어기더라도 내 병사와 백성 들을 살리기로 한 거야.

이것을 '위화도 회군'이라고 하지.

문제는 살아남을 수 있는 방법을 찾는 거였어. 방법은 하나!

'왕을 몰아내고 내가 권력을 차지해야겠구나.'

내겐 든든한 지원군도 생겼어.

바로 신흥 사대부들이야. 원나라의 간섭을 물리치고, 백성을 괴롭히는 권문세족을 몰아내자고 주장하는 사람들이지.

그 가운데서도 특히 내 맘에 드는 이가 있었는데, 바로 정도전이야. 정도전의 생각은 내 뜻과 꼭 같았거든.

"나라를 뿌리부터 개혁하기 위해서 고려를 무너뜨리고 새 나라를 건설해야 합니다."

옳거니! 바로 그게 내 생각이라니까.

결국 난 정도전과 손을 잡고서 창왕도 쫓아냈어. 그리고 공양왕을 왕좌에 앉혔다가 폐위시키고 왕이 되었지.

드디어 최고의 권력 쟁취! 그럼 이제 새 나라를 세워야지!

새로운 나라의 이름은 조선으로 정했어. 우리 역사 최초의 나라인 고조선을 잇는다는 의미이지. 수도는 한양으로 정했어.

새 수도 한양을 계획하고 건설하는 건 내 오른팔인 정도전이 맡았지.

정도전의 구상에 따라 한양 건설도 척척!

이로써 500년 역사의 위대한 나라, 조선이 건국된 거야.

어때? 이 정도면 내 계획은 완전 성공이지?

위화도에서 군사를 돌렸던 빠른 판단력과 기회가 왔을 때 왕의 자리를 차지하며 새 나라를 건국했던 용기! 그리고 정도전이라는 인물을 척 알아봤던 안목! 이 모든 지혜가 합쳐져서 이뤄 낸 일이었어.

그러니 모두 기억해! 성공은 상황을 잘 판단하고, '이때다' 싶을 땐 주저 없이 행동하는 지혜로움에서 나온다는 걸.

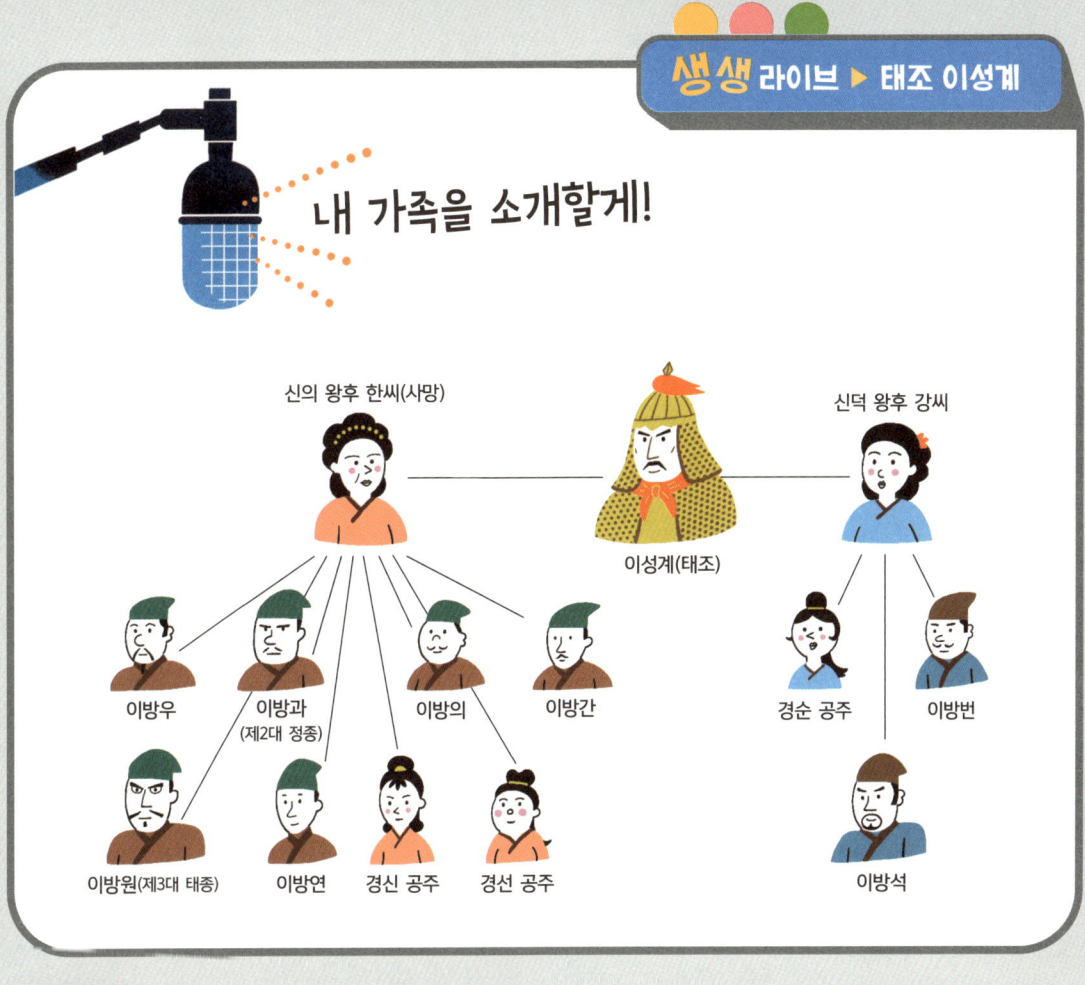

#태조 #이성계 #가계도 #다음왕누구? #왕자의난 #싸울줄알았나

- 우와! 자식이 11명!
- 그럼 태조의 다음 왕은 누가 잇게 되는 거지?
- 궁금하다면 다음 이야기를 보시라! 왕권을 둘러싼 왕자들의 치열한 경쟁인 왕자의 난을!

태종

조선 건국의 공은 내가 최고!

우리 아버지인 태조가 조선을 건국할 때 가장 큰 힘이 된 건 누굴까?
그건 바로 나, 이방원(태종)이야.
아버지를 따라 전쟁터를 누빈 것도 나고, 조선 건국의 최고 걸림돌인
정몽주를 제거한 것도 나거든. 그러니까 다음 왕은 당연히 내가 되어야지.
그런데 아버지는 생각이 다른 것 같더라고? 어떡하지?

재위 기간 1400년~1418년

최고 업적 왕권 강화.

인물 관계도

본래 이름 이방원

닉네임 내가왕

좌우명 내 몫은 내가 챙긴다!

특기 무술

특이 사항 왕자의 난을 일으킨 주인공.

의외의 재능 시 짓기. 지은 시로 「하여가」가 있음.

성격 용맹하고 욕심도 많음.

강점 아버지를 닮아 무술 실력 최고! 상황 판단력도 최고!

왕자의 난!

 사람들은 말하지. 정도전은 이성계의 오른팔! 난 왼팔이라고!
 아버지가 조선을 건국할 때 정도전과 내 공이 그만큼 컸단 뜻이야.
 그래서 사실 조금 욕심이 나더라고.
'다음 왕이 될 세자는 내가 아닐까?'
 그런데 이게 웬일이람.
"왕자 중 이방석을 세자로 책봉하노라!"
 세상에! 방석이는 배다른 형제인 데다 아버지의 막내아들이야. 공이 제일 큰 내가 아니라면 최소한 장남 방우 형이 세자가 되어야 하는 거잖아. 공평하지도, 용납이 되지도 않는 결정이었어.

'이건 분명 정도전이 뒤에서 아버지를 조종한 거야.'

정도전과 난 생각하는 것이 아주 달라서 매번 부딪혔거든. 사실 내가 꿈꾸는 조선은 왕의 힘이 강한 중앙 집권 국가야. 하지만 정도전은 왕보다 재상의 힘을 중시하는 조선을 꿈꿨거든. 이렇게 꿈꾸는 나라가 다르다 보니 정도전과 난 서로 눈엣가시!

나는 정도전을 제거해 버리기로 결심했어.

그러던 어느 날, 마침 아버지가 앓아눕고 만 거야.

'이때다!' 싶었던 난 바로 군사를 이끌고 가서 세자 이방석과 정도전을 제거했지. 그리고 둘째인 방과 형을 세자로 세웠지.

이 사건을 역사는 '왕자의 난'이라고 기록하더군.

왜 내가 직접 세자가 되지 않았냐고?

생각해 봐. 동생을 죽였는데 바로 세자가 되면 모두들 손가락질을 할 거 아냐. 왕 자리가 욕심나서 동생을 죽였다고 말이야.

그러니 둘째 형을 세자에 앉히면서 슬쩍 눈치를 준 거지.

'왕이 되면 그 자린 나한테 양보해. 알았지?' 이렇게 말이야.

역시! 둘째 형은 내 생각을 제대로 읽었더라고.

아버지가 왕위에서 물러나고 조선의 2대 왕에 오른 지 2년 뒤, 둘째 형은 스스로 그 자리에서 물러났어.

"왕의 자리는 정안군(이방원)에게 물려주겠소."

이리하여 비로소 난 왕의 자리에 오를 수 있었지.

간절히 원한 자리였던 만큼 난 정말 열심히 나랏일을 해 나갔어.

왕권 강화를 통해 나라의 힘을 굳세게 하고, 중앙의 명령이 지방에 잘 전달될 수 있게 지방 제도도 고쳤어. 전국을 8도로 나누고, 여기에 관찰사를 파견하게 했지. 또 인구를 잘 파악하기 위해 호패법도 실시했다고.

그야말로 준비된 왕이었던 거지.

어때? 이 정도면 성군으로 나무랄 데가 없지?

👍 1392   👎   ↗ 공유   ↓ 오프라인 저장   ···

#태종 #이방원 #시조 #하여가 #숨은의미찾기 #고려정몽주 #진심떠보기

- 캬! 정말 넛츠러진 시네요. 시 짓는 재능도 탁월!
- 그런데 이 시가 나온 배경 알아? 이건 고려 충신 정몽주의 마음을 떠보려고 보낸 시잖아.
- 맞아. 우리랑 힘을 모아서 고려를 무너뜨리자, 이거였지.
- 그럼 정몽주는 이 시를 보고 답 시를 보냈겠네?
- 그렇지. 그게 「단심가」야. '이 몸이 죽고 죽어 일백 번 고쳐 죽어, 백골이 진토 되어 넋이라도 있고 없고, 임금 향한 일편단심이야 가실 줄이 있으랴.'
- 캬! 죽어도 고려를 배신하지 않겠단 의미! 그래서 결국 정몽주는 이방원 손에 죽고 만 거지.
- 아이고, 무서워라! 그럼 「하여가」는 "너 죽을래, 살래?"라고 묻는 시였던 거네.
- (태종) 난 분명 기회를 줬어. "그래"라고만 대답했다면, 정몽주는 조선 개국 공신으로 떵떵거리고 살았을걸.

💬 댓글 달기...   게시

세종

한글을 만든 내가 최고!

어떤 왕도 이보다 더 큰 업적을 이루지는 못했을 거야.
바로 한글 창제! 한 나라의 문자를 만든 것보다 더 위대한 일이 어디 있겠어.
그 때문에 인기 투표를 하면 최고 인기 왕은 늘 나, 세종!
오죽 인기가 많으면 후대 자손들이 돈에도(만 원권) 내 얼굴을
그려 넣고 가지고 다니겠어. 껄껄껄!

재위 기간 1418년~1450년

닉네임 인기왕

최고 업적 한글 창제.

좌우명 하면 된다!

세종 뇌 구조
- 과학 발명
- 왜구 걱정
- 한글 창제
- 올해 농사 걱정

국방 업적 왜구를 없애기 위해 쓰시마섬 정벌. 최윤덕을 압록강 상류에 보내 4군 설치. 두만강 일대에 김종서를 보내 6진 설치.

성격 침착하고 지혜로움.

과학 업적 측우기, 간의, 혼천의, 물시계, 해시계 등 개발.

예상 질환 밤늦게까지 책을 많이 봐서 눈병이 심함. 독서만 즐기고 운동은 멀리해 비만 심각. 고기를 너무 좋아해 생긴 당뇨 증세.

책 업적 『농사직설』 펴내게 함. 『고려사』 만들어 고려 역사 정리. 의약서 『향약집성방』 간행.

나라의 글자, 훈민정음!

내 앞의 수식어는 셀 수 없이 많아.

가장 훌륭한 유교 정치를 펼친 왕, 찬란한 문화를 이룩한 왕, 과학 발전을 이룩한 왕 등등…….

그래도 가장 큰 수식어는 '나라의 글자인 한글을 만든 왕'이지.

나는 정말 백성을 사랑하는 성군이 되고 싶었어. 늘 백성들을 생각하며 최선을 다해 나랏일을 돌보았지.

그래서 이런 질문을 해 봤어.

"우리 백성들이 두고두고 잘 살기 위해 꼭 필요한 게 뭘까?"

생각하고 또 생각한 끝에 나온 답은 바로 새로운 글자!

"그래! 쉽고 편한 새 글자가 필요해."

물론 중국 글자인 한자를 가져와 읽고 쓰긴 했지만, 한자는 우리말과는 소리도 다르고 순서도 다르잖아. 게다가 한자는 백성들이 배우기에는 너무나 어려운 글자야.

'쉬운 글자를 만들어서 백성들이 모두 글자를 익히게 하자.'

나는 바로 글자 만들기에 돌입했지.

그 시작은 다른 나라 말 연구하기.
중국, 일본, 몽골, 여진, 인도어 등등,
난 매일 여러 나라의 언어책을
연구했어.

글자를 만들려니 소리도 연구해야 하더라고.

소리는 입에서 어떻게 나는 걸까?

그래서 목구멍, 입술, 이가 어떻게 움직이는지를 관찰해야 했어.

아, 라고 해 보아라!

그 밖에도 많은 것을 연구하며 엄청나게 많은 시간을 들여야 했어.
그러다 보니 어느새 글자가 점점 모양을 갖추어 가더라고.
한글을 어떻게 만든 건지 그 원리가 궁금하다고?
한글의 중요한 원리는 세 가지야.
첫째는 본뜨기! 둘째는 획 더하기! 그리고 마지막 셋째는 만물의 근본 담기!

[본뜨기]

한글은 혀, 입술, 목구멍처럼 소리가 나는 곳의
모양을 본떠서 만들었어.
'ㄱ, ㄴ, ㅁ, ㅅ, ㅇ'의 닿소리(자음) 다섯 자의 원리를 알려 줄게.

ㄱ
혀의 뿌리가
목구멍을
막는 모양

ㄴ
혀가
윗잇몸에
닿는 모양

ㅁ
입 모양

ㅅ
이 모양

ㅇ
목구멍
모양

[획 더하기]

센소리는 닿소리 기본 글자인 'ㄱ, ㄴ, ㅁ, ㅅ, ㅇ'에 획을 더해 만들었어.

ㄱ→ㅋ, ㄴ→ㄷ→ㅌ, ㅁ→ㅂ→ㅍ, ㅅ→ㅈ→ㅊ, ㅇ→ㆆ→ㅎ

그리고 ㄹ, ㅿ, ㆁ을 더하니까 닿소리 17자가 완성됐지.

[만물의 근본 담기]

홀소리(모음)에는 만물의 근본인 하늘과 땅, 사람이 담겼어. '·'는 둥근 하늘, 'ㅡ'는 넓고 평평한 땅, 'ㅣ'는 꼿꼿이 서 있는 사람을 본뜬 거야.

여기에 획을 더해 만든 것이 바로 'ㅏ, ㅑ, ㅓ, ㅕ, ㅗ, ㅛ, ㅜ, ㅠ, ㅡ, ㅣ, ·'지.
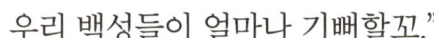
이렇게 해서 홀소리 11자가 만들어졌어.

닿소리 17자에 홀소리 11자가 모여 한글은 모두 28자!

이걸 모두 만들었을 때 내 기분이 어땠겠어. 그 감동은 말로 표현 못 해.

"이 스물여덟 자로 표현하지 못할 말이 없구나. 우리 백성들이 얼마나 기뻐할꼬."

하지만 한글은 반포되기도 전에 위기를 만났어. 신하들이 훈민정음 반포를 반대하고 나섰거든.

"새 글자라니요? 그건 오랑캐들이나 하는 짓입니다."

"새로운 글자는 중국의 제도를 받아들인 조선의 전통에 어긋난 일입니다."

헐! 백성들의 편리함은 생각조차 않는 신하들!

하지만 그 정도에 뜻을 꺾을 내가 아니지. 난 1443년에 한글을 창제하고, 『용비어천가』 등 여러 책을 출간해 올바른 사용 등을 실험했어. 그런 다음 신하들의 반대에도 불구하고 1446년, 훈민정음 28자를 백성들에게 반포했어. 잘했지?

만약 그때 신하들의 성화에 못 이겨 한글을 버렸다면 어떻게 됐을까? 아마 지금도 어려운 한자를 배우고 있을 거야.

그러니 대한민국 국민들이 쉽고 훌륭한 글자를 갖게 된 건 모두 내 덕분이란 말씀! 최고의 성군은 바로 나란 말씀!

참! 세계에는 7천여 개의 언어가 있지만, 이를 기록하는 문자의 종류는 30여 개뿐이야. 그중 문자 사용 설명서가 있는 나라는 오직 우리 한국뿐! 『훈민정음해례본』이 바로 한글 사용 설명서란 말씀! 한글은 정말 대단하지? 허허허!

집현전 최고의 학자들!

나, 세종 뒤에는 바로 그들, 집현전의 학자들이 있었지!
한글을 백성들에게 널리 알리는 일은 나 혼자였다면 절대 할 수 없었을 거야. 집현전 학자들의 도움이 있었기에 가능했던 일이지.
집현전은 국립 학문 연구소 같은 건데,
'지혜로운 학자들이 모인 집'이란 뜻이야.
그렇다면 대표적인 집현전 학자는 누굴까?

이석형! 　 신숙주! 　 이개! 　 박팽년! 　 성삼문!

구독　　👍 1446　👎　↗ 공유　⬇ 오프라인 저장　···

#세종대왕 #한글 #집현전 #이석형 #신숙주 #이개 #박팽년 #성삼문 #훈민정음반포도왔소

🔵 (성삼문) 안녕하세요! 우리가 바로 조선의 두뇌~
🔵 (박팽년) 큭큭! 그렇게 말하니 쑥스럽구만.
🔵 (이개) 우리뿐 아니라 많은 학자들이 집현전에서 학문을 연구하며 다양한 책을 편찬했잖소.
🔵 (신숙주) 『훈민정음해례본』뿐 아니라 『농사직설』, 『고려사』 등 많았지.
🔵 (이석형) 문화의 황금기를 이루게 했으니 잘난 체 좀 해도 되지. 허허!

🔵 댓글 달기...　　　　　　　　　　　　　　　게시

세조

욕을 많이 먹기로는 내가 최고!

내 이름 앞에는 이런 수식어가 붙지.
조카를 죽여 왕좌에 오른 왕!
하지만 거기에는 그만한 이유가 있었다고!
내 이야기 좀 들어 봐.

재위 기간 1455년~1468년

대군 시절의 이름 수양 대군

최고 업적 중앙 집권 체제 강화.

닉네임 단종삼촌

좌우명 신하가 왕보다 힘이 세면 안 된다!

예상 질환 조카를 죽인 죄책감에 노년에는 헛것을 보며 괴로워했다고 함. 환각과 우울증이 의심됨.

성격 패기가 넘치며 열정적임.

인물 관계도

아버지 세종
형 문종 / 세조
조카 단종 (문종 아들)

왕권보다 센 권력은 용서 못 해!

나는 세종의 둘째 아들이야. 그다음 왕인 문종의 동생이기도 하지.

형인 문종은 몸이 너무 약했어. 그래서 일찍 세상을 떠나 버렸지 뭐야. 아들은 아직 어린데 말이야.

그 때문에 열두 살의 내 조카인 세자가 왕이 되었어. 바로 단종이지.

상상해 봐. 어린아이가 왕이 됐으니 어떤 일이 벌어졌겠어.

사실 신하인 김종서와 황보인은 단종의 할아버지 세종대왕과 아버지 문종으로부터 단종을 잘 지켜 달라는 부탁을 받았어. 그러다 보니 단종과 친하게 지내면서 김종서와 황보인의 권력도 나날이 세져 갔지. 반면 왕권은 점점 약화되어 대신들을 중심으로 한 세상으로 변해 가기 시작한 거야.

더 이상 두고 볼 수가 없더라고.

"내가 나라를 바로잡으리라!"

나는 칼을 빼들었지.

반란을 일으키며 김종서와 황보인을 제거한 거야. 그리고 조카 단종을 몰아내고 왕이 되었어.(계유정난, 1453년) 얼마

뒤, 단종은 유배지 창량포(지금의 강원도 영월)에서 죽었고 말이야.

그러니 조카를 죽이고 왕이 되었단 게 틀린 말은 아냐.

하지만 나도 힘들었다고. 조카를 쫓아낼 때 내 마음이라고 편했을까. 죄책감 때문에 난 밤에 잠도 편히 못 잘 정도였어.

그리고 단종의 몫까지 다해서 나라를 잘 다스리기 위해 노력했다고.

왕이 되자마자 왕권을 강화하는 데 박차를 가하고, 상평창을 만들어 가난한 사람들을 도왔어. 상평창은 풍년에는 곡물의 값을 올려 사들이고, 흉년이 들어 곡물이 귀하면 값을 내려 팔아 물가를 조절하는 기관이지.

현직 관리에게만 토지를 지급하는 직전법으로 토지 제도를 고치고, 변방을 튼튼히 해서 나라의 힘을 기르는 일에도 힘썼어.

그러니까 날 너무 욕하진 마.

비록 조카에겐 못된 짓을 했지만, 나랏일만은 어느 왕에 비교해도 뒤지지 않는 업적을 남긴 왕이니까.

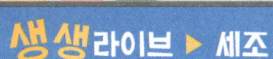

못다 이룬 꿈, 『경국대전』

요건 조선 최고의 법전인 『경국대전』! 나라를 다스리는 큰 법전이란 의미야. 사실 난 제대로 된 조선의 법전을 편찬하고 싶었어. 그래서 그동안 만들어진 법을 정리하는 법전 만들기를 시작했지.
그런데 그걸 다 완성하지 못한 채 죽고 말았지 뭐야. 그래도 다행인 건 훗날 성종이 『경국대전』을 완성하고 반포했다는 거야. 그게 바로 요거란 말씀!

구독 · 👍 454 · 👎 · 공유 · 오프라인 저장 · ···

#세조 #경국대전 #집필시작 #조선최고 #체계적법전 #백년걸려완성 #성종반포 #시작은나다

- 그런데 『경국대전』엔 어떤 내용이 담겨 있을까? 궁금하네.
- 조선의 행정 부처 6조에서 맡은 업무를 기준으로 이전, 호전, 예전, 병전, 형전, 공전 순서대로 엮여 있대.
- 나랏일과 관련된 법률이 들어 있겠지 뭐.
- 백성들의 일상생활과 관련된 것도 많대. '남자는 15세! 여자는 14세가 되어야 결혼할 수 있다!' 뭐 이런 거.
- 헐! 14세에 결혼을 할 수 있다고? 정말 옛날엔 결혼을 일찍 했구나.
- 배를 수리하는 법, 집을 사고파는 것 등 안보, 안전과 관련된 내용도 담겨 있지.

댓글 달기... · 게시

'군'이라고 불리지만 우리도 왕이거든!

조선 왕 계보(252쪽 참고)를 보면 '왕'이 아니라 '군'으로 적힌 사람이 둘 있어.
바로 연산군과 광해군!
왜 그럴까?
군(君)은 왕족에게 수여되는 호칭이야.
그런데 광해군과 연산군은 반정(올바르지 못한 왕을 몰아내고 새 왕을 세우는 일)으로 물러난 왕이기 때문에 '왕으로 인정하지 않는다'는 의미로 '군'으로 부르는 거야.

연산군

그래! 그래! 난 폭군이란 이유로 왕 자리에서 쫓겨났어.
신하들이 반정을 일으켜 나를 쫓아내고는 내 이복동생인
중종을 새 임금으로 앉혔거든.(중종반정, 1506년)
사실 내가 좀 폭력적이었던 건 인정!
사람들이 내 증조할아버지인 세조의 왕위 찬탈을
비판했다는 이유로 많은 신하를 죽였거든.
(무오사화, 1498년)
또 내 어머니가 너무 억울하게
죽었다고 생각해서 어머니의 죽음과
관련된 신하들을 처벌하기도 했지.(갑자사화, 1504년)
그래도 내가 왕이었단 건 분명한 사실이고,
나도 업적을 남겼다고. 의료 기술 향상에 힘쓰고,
상평창을 통해 백성들의 식량을 안정시키려 노력했거든.
그러니까 나도 왕이라고! 왕!

'군'이라도 다 같은 군이 아니야.
난 연산군과는 완전 달라!
혹시 대동법이란 거 알아? 우리 조선의 대표적인
납세 제도인데, 공물(특산물)을 쌀로 통일해 바치게 한 거야.
그 제도를 만든 왕이 바로 나라고.
난 정치도 잘하고, 명나라와 후금 사이에서 중립 외교를
펼치며 우리 조선을 이롭게 했단 말씀!
그런데 성리학의 의리와 명분을 중요하게 여긴
신하들 중에는 중립 외교를 반대하는 자들이 많았어.
게다가 내겐 치명적인 약점이 하나 있었지 뭐야.
아버지인 선조는 내가 세자 시절에 늦둥이 아들을 보게 됐어.
바로 영창 대군인데, 내 어머니가 후궁이었던 반면,
영창 대군은 정식 왕비에서 얻은 자식이었지.
그러자 아버진 영창 대군을 세자에 앉히고
싶어 하더라고. 그 때문에 내 자리는 위태위태!
아버지가 갑자기 돌아가시면서 난 왕이 될 수 있었지만,
영창 대군이 내겐 늘 위협적인 존재였어. 그래서
영창 대군을 내쫓아 죽게 만들고, 그 어머니인
인목 대비도 대비 자리에서 내쫓았지.
이걸 꼬투리 삼아 서인을 중심으로 반정이 일어났어.
그들은 나를 내쫓고 인조를 새로운 왕으로 세웠지.
(인조반정, 1623년) 그러니 난 폭군 연산군과는 달라.
난 얼마든지 성군이 될 수 있는 자질을 가진 왕이었다고!

광해군

숙종

스캔들로는 내가 최고!

들어는 봤나? 장 희빈이란 이름을.
장 희빈의 이야기는 영화나 드라마로 여러 번 나왔어.
인현 왕후와 장 희빈이 한 임금을 두고 서로 사랑을 차지하려고
다투는 이야기로, 극적인 반전에 반전을 거듭하는 궁중 멜로드라마!
그 두 여인 사이에 낀 임금이 바로 나, 숙종이야.
조선 최고의 스캔들의 주인공, 내 이야기를 들어 봐.

재위 기간 1674년~1720년

본래 이름 이순

닉네임 멜로왕

최고 업적 대동법을 전국에 실시해 실효를 거둠.

좌우명 예쁜 여자가 최고야
▶ (바뀜) 사람은 얼굴보다 마음!

성격 다정하면서도 은근 냉정함.

인물 관계도

숙종 — 인경 왕후 (일찍 죽음.)

인현 왕후 ⚡ 장 희빈

나랏일보다 힘든 애정 갈등

내가 집권한 당시, 조선의 조정은 당파(정치적 입장에 따라서 나뉜 집단) 싸움이 워낙 심했어. 네 번의 전쟁을 겪었지만 대신들은 정신을 못 차린 거야. 서인과 남인으로 나뉘어서 서로 죽어라 싸움만 해 댄 거지.

"정치적 대립으로 국론이 분열되고 나라가 병들고 있소. 제발 당파 싸움을 멈추시오!"

나의 개탄과 한숨은 듣는 둥 마는 둥 신하들의 당파 싸움은 점점 심해져만 갔지.

네 아들이 세자가 되더라도 왕비는 나거든. 그러니까 잘난 척하지 마!

그런데 가만 생각해 보니 당파 싸움이 나쁜 것만은 아니더라고. 내가 원하는 것에 대해 찬성하는 쪽을 밀어 주면 그쪽에서도 나를 따르며 내 힘을 더 키워 줄 거 아냐.

그 무렵, 마침 왕비인 인형 왕후와 장 희빈 사이에서도 갈등이 싹트기 시작했어.

장 희빈은 궁녀 출신으로, 내가 사랑한 여인이었어. 한데 장 희빈이 왕자를 낳은 거야. 인현 왕후는 아이를 낳지 못했는데 말이야.

그래? 그럼 그 왕비 자리도 내가 빼앗지 뭐.

그러니 내 입장이 좀 곤란하더라고.

장 희빈은 자신이 낳은 아들을 세자로 책봉해 달라고 닦달! 하지만 그러다 정실부인인 인현 왕후가 아들을 낳는다면 문제가 커지거든.

그러다 보니 세자 책봉을 두고 신하들은 또 편을 갈라 죽어라 싸워 대지 뭐야.

그런데 사실 내 마음은 어렵게 얻은 아들을 꼭 세자에 책봉시키고 싶더라고.

그럼 어떡하면 되겠어? 그쪽을 찬성하는 장 희빈 파를 밀어 주면 되잖아.

그래서 세자 책봉을 반대하는 당파 사람들에게는 벌을 내려 유배를 보내 버리고, 아들을 세자로 만들었지.

그런데 문제는 여기서 끝나지 않았어.

장 희빈이 인현 왕후를 모함하기 위해 일을 꾸민 거야.

인현 왕후가 장 희빈을 죽이려고 음모를 꾸몄다는 가짜 증거도 만들고 말이야.

이번에도 난 장 희빈 쪽 신하들 편에 서서 인현 왕후를 투기죄로 몰아 왕비에서 폐위시켜 버렸지.(조선에서는 남편이 새 부인을 들여도 그걸 시기하면 투기죄라고 해 큰 벌을 내림.) 그리고 나서 장 희빈을 왕비로 책봉!

하! 내가 잠시 사랑에 눈이 멀었던 거지. 진실이야 어찌 됐든 정실부인을 내쫓은 건 큰 실수였거든.

그 무렵 백성들 사이에서 유행하는 노래가 있었는데, 그 노래를 듣고서야 내 정신이 번쩍 들더라고. 그 노래가 뭐냐고?

"미나리는 사철이요, 장다리는 한철이라……."

여기서 미나리는 인현 왕후고, 장다리란 장 희빈이야. 즉 본부인을 질투해서 쫓아낸 장 희빈은 곧 벌을 받을 거란 의미인 거지.

그런데 민심이란 정말 무서운 거지 뭐야. 그 뒤로 정말 그 노래처럼 되었거든.

반전에 반전을 거듭한 끝에 결국 인현 왕후는 왕비 자리로 돌아왔고, 장 희빈은 사약을 받고 죽게 되었지.

이렇게 큰 사건이 생길 때마다 난 당파 싸움을 이용해서 내가 원하는 바를 이루었고 말이야.

사람들은 장 희빈과 인현 왕후가 정치의 희생자라고도 말하더군.

나는 권력을 쥐고 있는 당이 마음에 들지 않으면 꼬투리를 잡아서 권력을 뺏고 그 당을 몰아냈어. 집권당을 교체하는 환국을 일으킨 거야. 환국을 통해 왕권을 강화한 거지.

그러다 보니 신하들은 내 앞에선 굽실굽실!

덕분에 나의 왕권은 엄청 강해졌지.

사실 이 과정에서 장 희빈과 인현 왕후, 두 사람이 희생된 거라고 볼 수도 있어. 인정!

그런데 왕권은 강해졌을지 몰라도 당파 싸움은 점점 더 심해졌지 뭐야. 내가 당파 싸움을 부채질한 꼴이 돼 버린 거지.

그 때문에 당파 싸움은 다음 왕대에서도 쭈욱…….

후손들아! 미안해!

장 희빈과 인현 왕후! 미안! 미안!

생생 라이브 ▶ 숙종

나의 최고 업적은? 그건 바로 독도 영유권 확정!

1693년 봄, 울릉도에서 고기를 잡던 어부 안용복은 왜인들을 발견하고는 울릉도에서 나가라고 항의했지. 그러자 왜인들이 박어둔과 안용복을 일본의 백기주로 잡아가 버린 사건이 발생했어. 이에 안용복은 백기주 태수(지방 관리)에게 독도는 조선의 땅임을 주장하고 자신들을 끌고 온 부당성을 항의했지. 결국 안용복 문제로 조선과 일본에서 논의가 진행되었고, 마침내 1696년 1월 결론이 내려졌어. "지리적으로 일본보다는 조선과 더 가깝기 때문에 조선의 땅임을 의심할 여지가 없다." 이렇게 독도의 영유권 문제는 1696년에 이미 결론이 났단 말씀!

👍 1696 | 👎 | ➡️ 공유 | ⬇️ 오프라인 저장 | ⋯

#안용복 #독도는우리땅 #의심의여지가없다 #숙종 #알고보면나도업적많아

- 🧑 그러니 일본은 입을 다물라!
- 👩 오호! 숙종 시대에 이런 일이 있었군요.
- 🧑 상평통보라는 돈을 널리 쓰게 한 것도 숙종의 업적!
- 👩 세금을 낼 때 공물을 쌀로 통일해 바치게 한 대동법도 전국에 실시했잖아요. 그것도 큰 업적이죠.
- 🧑 (숙종) 그치? 그치? 나 좀 새롭게 평가해 줘.
- 👩 그러고 보니 '숙종' 하면 너무 장 희빈만 떠올렸어요. 분명 나름의 업적이 많을 텐데. 죄송!

👤 댓글 달기...   게시

영조

오래 살기로는 내가 최고!

조선 왕조 국왕들 중 가장 통치 기간이 긴 왕이 누굴까?
바로 52년 동안 통치한 나, 영조야.
그렇게 오래 통치할 수 있었던 건 내가 83세까지 장수를 했기 때문!
조선 왕조 최고의 장수 왕인 내 건강 비결이 궁금하다고?

재위 기간 1724년~1776년

닉네임 장수킹

최고 업적 조선의 중흥기를 이룸.

좌우명 밥은 삼시 세끼! 운동은 매일매일!

특이 사항 아버진 임금이지만 어머닌 궁에서 제일 신분이 낮은 무수리 출신이라 신분에 대한 콤플렉스가 있었음.

성격 좋아하면 뭐든 오냐오냐하지만, 싫으면 다 꼴 보기 싫어함. 은근 편애하는 스타일.

인물 관계도

영조
│
아들 사도 세자 ─ 혜경궁 홍씨
　　　　│
손자 정조
(사도 세자 아들)

완전 공개! 임금님의 장수 비결!

내 장수의 비결은 간단해.

첫째! 밥은 제시간에 간단히 먹기.

둘째! 매일매일 운동하기.

요것만 지키면 나처럼 장수할 수 있다니까.

사실 우리 왕들은 평균 수명이 짧은데, 그 이유는 바로 식단 때문이야.

예로부터 왕은 하루 다섯 끼를 먹고, 기름진 식사를 즐겼거든.

하지만 난 절제되고 검소한 생활 습관을 중요하게 생각했기 때문에 식사도 간소하게 했어.

옆의 그림을 봐. 내 장수의 비결을 알겠지?

그러니까 모두 간소한 식사와 운동! 잊지 말라고.

그런데 건강은 이렇게 좋았지만 내겐 늘 걱정이 있었어. 아버지 숙종 이후로 계속 이어진 당파 싸움 때문이었지.

그래서 왕이 된 뒤로 늘 당파 싸움을 없애기 위해 노력하고 또 노력했어. 그 덕분인지 당파 싸움이 조금씩 잦아드는 것 같더라고.

오죽하면 당파가 아닌, 인물 위주로 인재를 등용하는 '탕평책'을 정책으로 삼았겠어.

그런데 내가 건강이 몹시 좋지 않은 해가 있었어. 그때 난 둘째 아들

인 세자(사도 세자)를 시켜 대신해서 나라를 다스리게 했지.

그러자 세자를 중심으로 모인 당파가 권력을 잡으려 기를 쓰더라고.

덩달아 반대파도 기를 쓰지 뭐야. 자신들이 밀고 있는 젊은 왕비가 아들을 낳을지도 모른다면서 세자를 모함하며 다투기 시작한 거야.

"세자로 인해 신하들의 당파 싸움이 다시 시작되었구나."

나는 화가 치밀었어.

그렇잖아도 세자는 문제가 많았거든. 궁녀를 죽이고 포악을 떠는 등 정신이 바르지 못한 듯 이상 행동을 하는 일이 잦았어.

내가 죽고 나면 왕이 되어야 하기에 그렇잖아도 걱정이 많았는데, 그런 세자로 인해 당파 싸움까지 심해지다니!

그런 차에 세자가 또 칼을 휘두르며 궁궐 안을 휘젓고 다니는 사건이 벌어졌어.

"이젠 도저히 참을 수가 없구나. 세자를 왕에 오르게 할 수는 없어."

나는 세자를 뒤주에 가두게 했지. 그리고 물 한 방울 주지 못하게 했어.

그러자 세자는 결국 8일 만에 숨을 거두고 말았지.

사실 난 두 가지 문제로 항상 걱정이 많았어. 내 어머니가 무수리 출신이란 건 내 콤플렉스였고, 형인 경종을 독살했다는 이야기까지 나돌았기 때문이야. 이런 수근거림을 잠재우기 위해 난 형 경종의 나인들을 세자의 나인으로 삼았어. 그런데 결국에는 이들이 나와 세자 사

이를 이간질했고, 그 때문에 세자와 내 사이가 더 나빠진 거거든.

사실 세자가 숨진 직후, 난 크게 후회했어. 그래서 죽은 세자에게 '죽음을 애도한다'는 뜻의 '사도'라는 이름을 내려 주었지.

아들을 뒤주에 넣어 죽이는 짓을 어떻게 할 수 있냐고?

그래. 나도 잘못했다고 생각해. 그때를 생각하면 지금도 마음이 너무 아파.

하지만 그만큼 내가 당파 싸움에 예민했단 것만은 알아 줘. 그 정도로 당파 싸움만은 막고 싶었던 거야.

생생라이브 ▶ 영조

탕평채 먹방!

재료의 색은 각 당파를 상징하지.

요건 궁중 음식 중 하나인 탕평채! 이 음식을 만든 건 바로 나, 영조야. 탕평채는 묵, 미나리 등 여러 재료를 섞어서 만든 음식이지. 그것처럼 여러 당파의 신하들도 서로 어우러져 잘 지내기를 바라면서 탕평책을 논하는 자리에 처음 하사했지. 그래서 이름도 '화합을 의미하는 음식'이란 의미로 탕평채!

서인 (묵의 흰색)
동인 (미나리의 푸른색)
남인 (고기의 붉은색)
북인 (김의 검은색)

구독   👍 1849   👎   ↗ 공유   ⬇ 오프라인 저장   …

#영조 #탕평채 #궁중음식 #당파싸움싫어싫어 #신하들아화합해 #염원담았어

🔵 아하! 그래서 이 요리 이름이 탕평채구나.
🟡 얼마나 당파 싸움이 싫었으면 저런 음식을 만들었을까?
🔵 그래도 사도 세자를 뒤주에 가둬 죽인 건 너무했어.
🟡 다음 왕이신 정조는 바로 그 사도 세자의 아드님이잖아. 정조도 엄청 슬펐을 거야.

🔵 댓글 달기...   게시

정조

문예 부흥기를 이룬 내가 최고!

난 조선 후기 문예 부흥기를 이끈 왕, 정조야.
내가 왕으로 있던 그 시기에 우리 조선은
정치, 문화, 학문, 예술의 황금기를 맞이했단 말씀!
그러니 최고의 성군이라면 바로 내가 아닐까?

재위 기간 1776년~1800년

닉네임 문예황금왕

최고 업적 영조에 이어 부흥기를 이끌며 문화를 활짝 꽃피움.

정조 뇌 구조
- 복수는 잊자!
- 탕평책
- 수원 화성
- 학문 연구

좌우명 복수는 복수를 낳는다.

특이 사항 사도 세자의 아들.

남긴 책 시 등을 모은 문집 『홍재전서』

성격 화를 참을 줄 아는 온화한 성품. 큰 결단을 내릴 줄 아는 단호함.

문예 황금기가 찾아온 이유

모두 알겠지만, 난 사도 세자의 아들이야.

그러니 내 어린 시절이 어땠겠어. 아버지의 죽음을 지켜본 것도 충격인데, 언제 죽을지도 모를 위기와 매일 맞서 싸워야 했어. 당파 싸움에 휘말리면 목숨을 장담할 수 없는 상황이었거든.

그런 나를 지켜 준 건 할아버지인 영조였어.

할아버지는 나를 큰아버지의 양자로 만들어서 왕세손이 될 수 있게 해 주었지.

덕분에 난 왕위에 오를 수 있었어.

내가 왕이 되어 펼친 정책이 뭔지 알아?

탕탕평평, 탕평책!

할아버지가 펼친 바로 그 정책이었어. 나도 당파 싸움이 정말 싫었거든.

그래서 뛰어난 사람이라면 당파를 가리지 않고 관리로 등용시켰어. 특히 실학을 공부한 학자들을 과감히 뽑아서 낡은 정치를 개혁하고자 노력했지.

그리고 학술 연구 기관인 규장각에 새로운 인재들을 많이 뽑았어. 또 인쇄술을 발전시켜 수많은 책을 간행하며 문화와 학문의 발전을 장려했어.

그로 인해 발전한 문화와 예술! 학문과 기술!

그러다 보니 문예 황금기가 찾아오게 된 거지.

어떤 이는 내가 왕이 되면 바로 사도 세자의 복수에 나설 거라고 생각했을 거야.

하지만 복수는 또 다른 복수를 낳을 뿐!

중요한 건 또 다른 불행이 생기지 않게 당파 싸움을 없애는 거잖아.

그래서 난 복수 대신 탕평책을 택한 거야.

어때? 이렇게 깊은 생각을 하며 살았으니, 평소에도 성군이란 소리를 자주 들었겠지? 하하하!

생생라이브 ▶ 정조

효심으로 쌓은 수원 화성!

수원 화성은 경기도 수원에 있는 성으로, 유네스코 세계 문화유산에 등재되었어. 내가 억울하게 죽은 아버지의 무덤을 수원으로 옮기고, 수원을 신도시로 건설하려고 쌓은 성이야. 당시 동양과 서양 과학 기술의 성과가 총집결된 결과물이지.

구독   👍 1796   👎   ↗ 공유   ⬇ 오프라인 저장   ⋯

#정조 #수원화성 #사도세자무덤옮겨 #계획도시화성 #세계문화유산 #효심으로쌓았지

- 아하! 그래서 수원 화성이 근대 초기 성곽 건축의 백미로 평가받는 거구나.
- 수원 화성을 지을 때, 정약용이 거중기 같은 근대적인 기기를 사용했대.
- 아버지에 대한 애틋한 마음이 느껴지는 것 같아요.
- 수원 화성은 정조의 새로운 개혁 정치가 펼쳐질 상징적인 공간이었지.
- 우와! 멋져요.

댓글 달기...   게시

순종

슬픔으로는 내가 최고!

난 우리 역사의 마지막 왕, 순종이야.
찬란했던 우리 조선 역사의 마지막 왕이라니.
그 슬픔이야 어찌 말로 표현할 수 있겠어.
그래도 눈물을 꾹 참고 마지막 이야기를 시작해 볼게.

재위 기간 1907년~1910년

본래 이름 이척

좌우명 조선 백성은 위대하다.

닉네임 마지막왕

인물 관계도

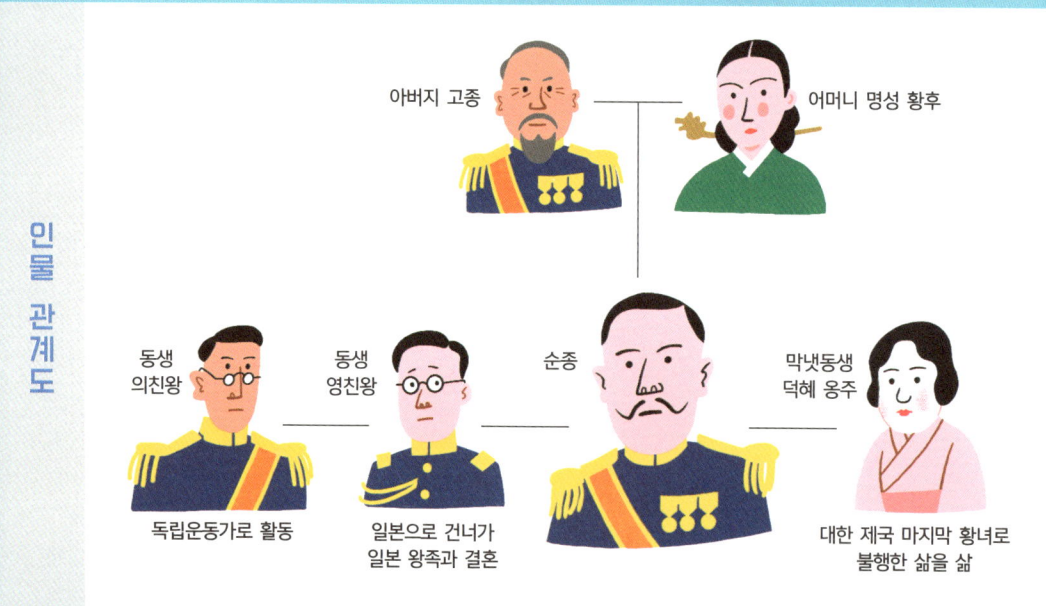

아버지 고종 — 어머니 명성 황후

동생 의친왕 — 독립운동가로 활동
동생 영친왕 — 일본으로 건너가 일본 왕족과 결혼
순종
막냇동생 덕혜 옹주 — 대한 제국 마지막 황녀로 불행한 삶을 삶

예상되는 질병 젊은 나이인데도 이가 다 빠져 틀니를 하고 혈변을 자주 봤는데, 아편 후유증으로 예상됨. 1898년 8월 2일에 러시아 역관 김홍륙이 고종과 황태자를 해하려고 커피에 다량의 아편을 넣었고, 당시 순종만 이걸 마신 뒤 피를 토하고 기절한 사실이 있음.

특이 사항 고종의 아들로, 태어난 다음 해에 왕세자로 책봉되었고, 1897년 대한 제국이 수립되면서 황태자로 다시 책봉됨.

그래도 조선의 백성들은 위대했다

1875년 9월 어느 날, 강화도 초지진에서 경계를 서던 조선 병사는 깜짝 놀라고 말았어. 낯선 배가 강화 해협을 지나 다가오고 있었거든.

옆의 그림을 봐.

이 사건은 일본이 도발한 사건으로, '운요호 사건'이라고 해.

왜 이런 사건이 벌어졌냐고?

당시는 우리 아버지 고종이 임금으로 있을 때인데, 서양의 힘센 나라들로부터 조선을 개방하라는 압력에 시달리고 있었어.

19세기는 전 세계적으로 격변의 시기였어. 강력한 군사력을 앞세운 강대국들이 다른 민족이나 국가를 침략하는 제국주의가 몰아치고 있었거든. 그런데 조선의 왕과 양반들은 미처 변화하는 세계정세를 읽지 못해 대비조차 못 하고 있었던 거야. 그러자 서양의 힘센 나라들이 밀려들기 시작한 거지. 그래도 그들은 어찌어찌 물리쳤는데, 이번에는 힘이 강해진 일본이 문을 열라며 도발해 온 거야.

외세는 싫다며 나라의 문을 꼭 닫고 버티자니 힘이 없고, 문을 열자니 불안한 상황! 왕과 대신들은 갈피를 못 잡고 우왕좌왕, 전전긍긍!

"조선은 항구를 개항하라!"

급기야 일본은 1876년 2월, 함대와 군인 수백 명을 몰고 와서 이른바 '강화도 조약'을 맺게 했어. 조선의 문을 강제로 열어 버린 거야.

강제로 나라의 문이 열렸단 게 무슨 의미냐고?

이후 조선의 상황을 보면 그 의미를 알 수 있어.

그 뒤 조선은 일본의 뜻에 따라 미국, 영국을 비롯, 유럽 각국과 조약을 맺어야 했어. 그리고 외세로부터 점점 더 심한 간섭을 받게 됐지.

아! 여기서 잠깐! 내 아버지인 고종을 소개할게.

고종은 조선 제26대 왕이자, 대한 제국 제1대 황제야.

'왕이자 황제'라니까 좀 이상하지? 다 그럴 만한 사연이 있어.

당시 나라의 문이 강제로 열리면서 외세들이 물밀듯 밀려드는 상황!

고종은 큰 결단을 내렸어.

"나라 이름을 대한 제국으로 바꾸노라!"

우리 힘으로 근대화된 나라를 세우겠다는 의지를 표현한 거야.

"우린 외세의 간섭에서 벗어나 황제의 나라가 되겠다! 우리도 근대적 자주독립 국가이니 맘대로 넘보지 마라!"

그 때문에 왕이었던 아버지는 대한 제국 제1대 황제가 되었던 거지.

물론 내 지위도 바뀌었어. 태어난 다음 해에 난 왕세자로 책봉되었는데, 1897년 대한 제국이 수립되면서 황태자로 다시 책봉되었거든.

그럼 그 뒤 원하는 대로 나라의 힘이 강해졌냐고?

슬프게도 그렇게 되지 못했어.

1905년에는 일본이 우리의 외교권을 빼앗는 을사늑약을 강제로 맺

어 버렸거든.

　아버지 고종 황제는 전 세계에 일본의 만행을 알리려 했어. 그러자 일본은 그것을 빌미로 아버지를 강제로 황제 자리에서 끌어내렸지.

　그 때문에 난 1907년 7월, 아버지의 뒤를 이어 황제가 될 수밖에 없었어.

아! 그때를 생각하면, 흑흑!

황제가 되고도 난 얼마나 슬프고 막막했는지 몰라.

게다가 내가 황제의 자리에 있을 수 있던 기간은 고작 3년뿐이었어.

1910년 8월! 일제가 이 나라의 모든 권리를 빼앗는 '한일 합병 조약'을 성립시켰거든.

이로써 대한 제국도, 짧았던 나의 황제 기간도 끝나 버린 거야.

그리고 시작된 일제의 식민 통치!

아! 돌아보면 난 너무 무능한 황제였어. 허수아비로 살았을 뿐, 나라를 위해 아무것도 한 게 없잖아. 흑흑!

하지만 우리 백성들은 달랐어. 나처럼 무능하지 않았단 말이지.

일제의 억압 속에서도 의병을 일으켜 대항하고, 목숨을 걸고 독립운동을 펼쳐 나갔거든.

백성들의 노력과 의지는 마침내 1945년, 8.15 광복으로 이어졌지.

캬! 정말 위대한 백성들이지? 그 모습을 보며 난 깊이 깨달았어.

"이 나라의 참주인은 바로 백성들이구나!"

그러니 우리 왕들끼리 '성군'이라며 나설 필요가 없어.

이 나라의 역사는 왕들의 역사가 아니거든.

이 나라의 주인은 백성! 그러니 이 나라의 역사도 백성들의 역사란 말씀!

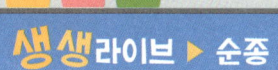 생생라이브 ▶ 순종

내 동생 덕혜 옹주를 소개할게

내 동생 덕혜 옹주를 생각하면 마음이 너무 아파. 덕혜는 외동딸로 아버지의 사랑을 아주 많이 받았거든. 하지만 불행한 역사에 휘말리며 불행한 삶을 살아야 했기 때문이지. 아버지 고종 황제가 죽자, 일본은 열네 살의 어린 덕혜를 일본 땅으로 보내 일본식 교육을 받게 했어. 그리고 일본 남자와 혼인을 시켰어. 덕혜는 일본 생활 내내 언제 죽을지도 모른다는 두려움과 고향에 대한 그리움에 시달렸다고 해. 그러다 보니 정신병까지 앓게 되었지. 그 뒤에도 불행은 계속됐어. 남편과도 이별하고, 딸이 실종되는 일까지 겪었거든.
1962년 1월 26일, 덕혜는 그리던 고국으로 돌아올 수 있었지만, 이미 중년의 아픈 몸이었어. 불행한 역사가 아니었다면 덕혜는 행복하게 살지 않았을까?

구독 👍 1912 👎 공유 ↓ 오프라인 저장 ...

#덕혜옹주 #고종외동딸 #순종동생 #마지막황녀 #불행한역사의희생양 #행복하고싶었는데

- 마지막 황녀로 불리는 덕혜 옹주! 너무 슬퍼요.
- 1989년에 77세의 나이로 세상을 떠나셨지요.
- 불행한 역사의 시대에 태어나지 않았다면 아버지 사랑 듬뿍 받으며 행복하게 살았을 거예요.
- 우리 백성들도 마찬가지죠. 불행한 역사를 겪지 않았더라면 고통을 받지 않았을 테니까요.
- 그러니 모두 힘을 모아 노력해야죠. 다신 그런 불행한 역사를 겪지 않도록!
- 오우! 절대! 불행한 역사는 이제 그만!

댓글 달기...   게시

한눈에 쏙! 조선 왕 계보

3대 태종 (1400~1418)
다시 한양으로 도읍 옮김. 왕권 강화 위해 사병 없애고 관직 제도 개혁. 조선 8도 지방 행정 조직 완성. 신분증 제도인 호패법 만들고 주자소 설치.

조선 세우고 한양 도읍으로 정함.
(1392~1398)
1대 태조

개경으로 도읍 옮김.
(1398~1400)
2대 정종

훈민정음 만듦. 집현전 확장. 향약 창작. 6진 설치. 자격루, 혼천의, 해시계 등 만듦.
(1418~1450)
4대 세종

학문을 좋아한 왕. 30년 동안 세자 생활.
(1450~1452)
5대 문종

(1849~1863) **25대 철종**
1844년 강화도에 유배됐다가 19세 나이로 즉위. 안동 김씨의 세도 정치 펼쳐짐.

(1776~1800) **22대 정조**
탕평책을 계승하고 인재 고루 등용. 조선 후기 문화의 황금기 이룸. 규장각 세움. 신해통공 설치.

26대 고종 (1863~1907)
조선 제26대 왕이자 대한 제국 제1대 황제. 병자수호조약, 을사늑약을 강제로 맺음. 동학 농민 운동, 임오군란, 갑오개혁 일어남.

24대 헌종
(1834~1849)
천주교 박해 사건인 기해박해 일어남. 안동 김씨와 풍양 조씨의 권력 투쟁에 휘말림.

21대 영조
(1724~1776)
탕평책으로 당쟁 막으려 함. 성균관에 탕평비 세움. 균역법 시행.

23대 순조
(1800~1834)
신유박해 일어남. 홍경래의 난 일어남.

27대 순종 (1907~1910)
조선 마지막 왕이자 대한 제국 제2대 황제. 한일 신협약으로 일본이 통치. 1910년, 한일 합병으로 나라 빼앗기고 조선 왕조 끝남.

홍문관 만듦.
과전 폐하고 직전법 만듦.
(1455~1468)
7대 세조

무오사화 일어남.
중종반정으로 폐위됨.
(1494~1506)
10대 연산군

12세에 왕이 돼
3년 만에 물러남.
사육신 사건이
일어나 17세에
죽음.
(1452~1455)
6대 단종

재위 13개월
만에 죽음.
(1468~1469)
8대 예종

조선의 기본 법전인
경국대전 완성.
정치, 경제, 사회,
문화의 바탕을 만듦.
(1469~1494)
9대 성종

주자도감 만듦.
백운동 서원 세움.
(1506~1544)
11대 중종

병이 들어
재위 8개월
만에 죽음.
(1544~1545)
12대 인종

(1649~1659) **17대 효종**
군제 개편, 군사 훈련에 힘씀.
북벌 정책을 국시로 내세웠으나 못 이룸.

(1545~1567) **13대 명종**
임꺽정의 난 일어남.
을묘왜변 일어남.

20대 경종
(1720~1724)
노론과 소론
당쟁 심해짐.
신임사화 일어남.

18대 현종
(1659~1674)
남인과 서인 당쟁 계속됨.

16대 인조
(1623~1649)
반정으로 왕위에
오름. 정묘호란,
병자호란 일어남.
'삼전도 굴욕' 겪음.

14대 선조
(1567~1608)
임진왜란과
정유재란
일어남.

19대 숙종
(1674~1720)
상평통보 널리 쓰게 함. 대동법 전국에 실시.
금위영 설치. 백두산정계비 세움.

15대 광해군
(1608~1623)
명과 후금 사이에서 실리 외교
펼침. 대동법 실시.

작가의 말
마음속 최고의 왕은 누구야?

이 책에는 우리 역사에서 뜻깊은 발자취를 남긴 수많은 임금님들이 등장해요.

모두들 "최고의 왕은 나야! 나!" 하고 소리치면서 말이에요.

과연 어떤 왕이 최고의 왕일까요?

여러분은 지금 최고의 임금님을 결정하는 오디션에 모셔진 심사 위원들인 거예요.

그래서 이 책은 특별한 읽기 방법으로 보아야 해요.

일단 등장한 임금님과 눈을 맞추어 살피며 그분들이 들려주는 이야기를 잘 들어 보세요.

어떤 업적을 남긴 왕이고, 어떤 재미난 이야기의 주인공이었나, 하고 말이죠.

그렇게 귀담아 듣다 보면 '아하! 이분이 최고구나.' 하는 임금님이 생길 거예요.

어때요?

마음에 깊이 남는 임금님이 있나요?

그럼 그 임금님에 한 표!

그런데 임금님들의 이야기를 다 듣고 나면 생각지도 못한 선물을 덤으로 받게 된답니다.

역사 속 왕들을 통해 우리 역사의 흐름을 알게 되었잖아요.

저절로 한반도 역사를 공부하게 된 거죠.

임금님들도 만나고 역사 공부도 하고!

그야말로 꿩 먹고 알 먹고!

자, 그럼 당신이 뽑은 최고의 임금님은 누구인가요?

이향안